Jan von Garrel

Ausdauer trainieren

Aktivierende Übungen zur sportlichen Grundbildung

5.–10. Klasse

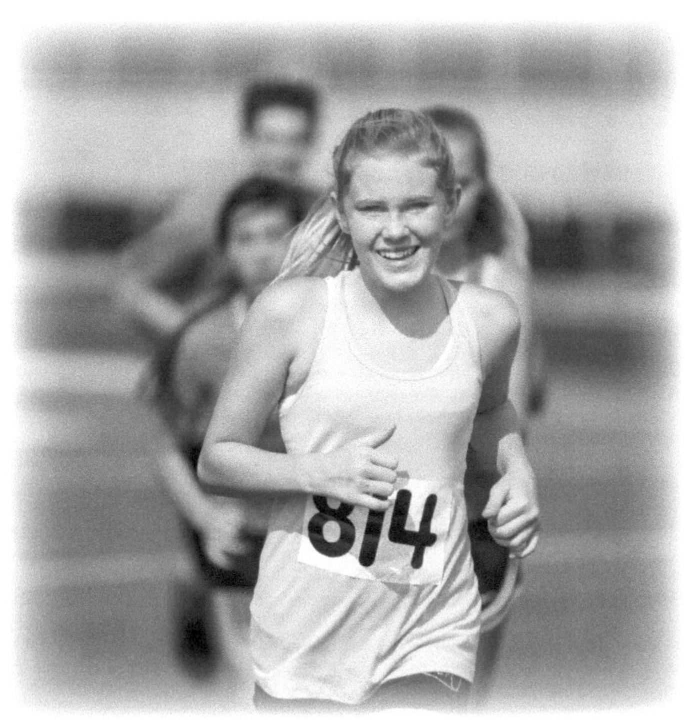

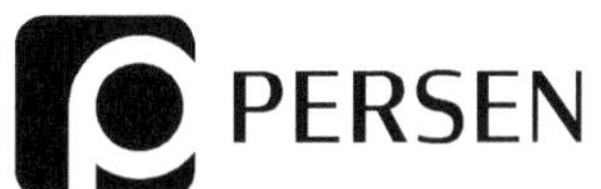

Der Autor

Jan von Garrel ist studierter und erfahrener Realschullehrer für die Fächer Sport und Geschichte.

2. Auflage 2022

AAP Lehrerwelt GmbH
Veritaskai 3
21079 Hamburg
Telefon: +49 (0) 40325083-040
E-Mail: info@lehrerwelt.de
Geschäftsführung: Christian Glaser
USt-ID: DE 173 77 61 42
Register: AG Hamburg HRB/126335

Wir verwenden in unseren Werken eine genderneutrale Sprache. Wenn keine neutrale Formulierung möglich ist, nennen wir die weibliche und die männliche Form. In Fällen, in denen wir aufgrund einer besseren Lesbarkeit nur ein Geschlecht nennen können, achten wir darauf, den unterschiedlichen Geschlechtsidentitäten gleichermaßen gerecht zu werden.

Autorschaft:	Jan von Garrel
Covergestaltung:	TSA&B Werbeagentur GmbH, Hamburg
Coverfoto:	© iStockphoto/stevecoleimages
Illustrationen:	Kerrin Paulsen, Thomas Binder, Daniela Buehnen, Gunkel Claessen, Marion El-Khalafawi, Sandra von Kunhardt, Julia Flasche
Satz:	Satzpunkt Ursula Ewert GmbH, Bayreuth
Druck und Bindung:	Libri Plureos GmbH, Hamburg

ISBN: 978-3-403-23375-6
www.persen.de

Inhaltsverzeichnis

Vorbemerkungen

Der erste Titel zur sportlichen Grundbildung in der Sekundarstufe I beschäftigt sich mit dem Thema „Ausdauer trainieren". Die ausgewählten Übungen, Spiele und Wettkampfformen sind dabei im Hinblick auf Belastung, Umfang und Lernziele jeweils auf die Jahrgangsstufen 5/6, 7/8 und 9/10 ausgerichtet. Neben Angaben zu Materialeinsatz und Zeitaufwand werden zu allen Übungen Differenzierungs- und Erweiterungsmöglichkeiten erläutert, wichtige Hinweise, z. B. zu Sicherheitsaspekten, gegeben, Methoden der Ausdauerschulung, Ausdauer- und Sozialformen benannt sowie zu festigende Kompetenzen und Lernziele angegeben.

Das Buch stellt somit eine Hilfe zu einer detaillierten Unterrichtsvorbereitung für alle Lehrer[1] des Faches Sport an weiterführenden Schulen dar. Speziell fachfremd unterrichtende Kollegen können sich auf einfachem und schnellem Wege Inhalte für ihren Sportunterricht aneignen und diese gezielt umsetzen. Sämtliche Übungen, Spiele und Wettkämpfe sind in ihrer Einordnung als Empfehlung zu sehen und selbstverständlich mit einigen Änderungen in der Belastung sowie im Umfang auch für andere Jahrgänge adaptierbar.

Curriculare Einordnung

In den Curricula der Bundesländer ist die Schulung aller Ausdauerarten hauptsächlich in den Kernbereichen zur Leichtathletik sowie zur Fitness und Gesundheitsförderung verankert. Zur Steigerung der Motivation enthält dieses Buch jedoch zusätzlich einige Erwärmungsspiele und Übungen aus dem Bereich der Sportspiele, welche insbesondere zur Schulung der Schnellkraft- und Kraftausdauer geeignet sind.

Zudem ermöglicht das Thema „Ausdauer" jedem Schüler, die eigene Ausdauerfähigkeit individuell zu erfahren. Hierbei muss in Reflexionsrunden stets eine Verbesserung der Leistungsfähigkeit oder die Entwicklung eines körperlichen Wohlbefindens während der Übungen und danach angesprochen werden.

In den Jahrgangsstufen 5 und 6 wird in den Curricula immer wieder auf eher spielerische Elemente der Ausdauerschulung hingewiesen. Hier sollten die Übungen und Spiele stets motivierend und variabel angeboten werden. In der Altersstufe des 7. und 8. Jahrgangs liegen dann die Schwerpunkte auf dem Erlernen und Verstehen von Prozessen des Ausdauertrainings in Bezug auf Belastung und Dosierung. Diese Erkenntnisse sollen in den Jahrgangsstufen 9 und 10 umgesetzt und erweitert werden, damit die Lernenden eigenständig ein regelmäßiges Training durchführen und dabei das eigene Leistungsvermögen mit Blick auf Verbesserungsmöglichkeiten einschätzen können.

Sportwissenschaftliche Perspektive

Grundsätzlich wird beim Ausdauertraining zwischen aerober und anaerober Ausdauer unterschieden. Der Körper benötigt bei Belastung mehr Energie in Form von Sauerstoff. Wird dieser bei meist geringer bis mittlerer Intensität noch ausreichend aufgenommen, ist die Energiezufuhr *aerob* und kann über längere Zeit durchgeführt werden. Bei höheren Belastungsintensitäten erlangt man eine Sauerstoffschuld, wobei nicht mehr genügend Sauerstoff für die beanspruchte Muskulatur aufgenommen werden kann. Diese Form der Kurzzeitausdauer bei höherer Intensität nennt man *anaerob*.

Die Sportwissenschaft empfiehlt Ausdauertraining im Kindes- und Jugendalter ab dem 8. bzw. 10. Lebensjahr. Eine Grundlagenausdauer im aeroben Bereich kann in jeder Altersstufe zu Trainingserfolgen führen. Die anaerobe Ausdauerfähigkeit nimmt erst im Laufe der Pubertät zu und sollte folglich gezielt erst ab der 7. Jahrgangsstufe trainiert werden.

Grundsätzlich gilt für die Schulung der aeroben Ausdauer die Faustformel, dass Kinder in einem Wohlfühltempo („Laufen, ohne zu schnaufen!") ihr Alter in Minuten ausdauernd laufen können müssten. Bei konstantem Tempo kann man von gut trainierten Schülern in den drei Jahrgangsstufen der Sekundarstufe I in Klasse 5/6 eine kontinuierliche Ausdauerfähigkeit zwischen 15–20 Minuten, in den Jahrgängen 7/8 von 25–30 Minuten und in 9/10 zwischen 35–40 Minuten erwarten. Die Intensität muss also individuell gestaltet werden.

Methoden und Ausdauerformen

Das Training der Ausdauer wird im Allgemeinen in *Dauer-, Intervall-, Wiederholungs-* und *Wettkampfmethode* unterschieden. Die *Dauermethode* enthält Übungen, welche mit geringer bis mittlerer Belastung bei gleichmäßiger Intensität ausgeführt werden. Der zeitliche Rahmen sollte im Bereich der oben genannten Minuten zwischen Lebensalter und jahrgangsspezifischen Erwartungen variiert und vorgegeben werden. Hierbei wird hauptsächlich die aerobe *Grundlagen- und Langzeitausdauer* trainiert.

Je nach Erhöhung der Intensität, bei einem finalen Schlusssprint, in wechselnden Geländebedingungen oder bei gezielten Tempowechseln, erzielt man aber auch eine Verbesserung der *Kraftausdauer* im aerob-anaeroben Bereich. Hier setzt auch die *Intervallmethode* an. Kurzen Belastungen von geringer bis mittlerer Intensität folgen ebenfalls kürzere, lohnende Pausen, um im aeroben Bereich an der *Grundlagenausdauer* zu

[1] Aus Gründen der Lesbarkeit wird in diesem Band auf die Formulierung Schülerinnen und Schüler, Lehrerinnen und Lehrer usw. verzichtet. Gleichwohl sind aber beide Formen gemeint. Als Alternative wird zudem z. B. die neutrale Bezeichnung Lernende verwendet.

arbeiten. Bei einer lohnenden Pause soll sich der Körper nicht komplett erholen, sondern nur zu etwa 66 %. An diesem Punkt setzt dann die nächste Belastung wieder an. Erhöht man die Intensität hin zu einer kurzfristigen anaeroben Anstrengung wird zusätzlich die *Kraftausdauer* trainiert.

Bei der *Wiederholungsmethode* ist die Intensität hoch, aber kurz und die Erholung dafür länger angelegt. Diese Trainingsvariante wird zur Verbesserung der anaeroben *Schnellkraftausdauer* genutzt. Kurze und mittlere Distanzen werden außerdem im anaeroben Bereich im Hinblick auf einen möglichen Wettkampf verbessert. Im Laufe des Trainings die *Wettkampfmethode* einzusetzen, macht schon aufgrund der hohen Aufforderung und der motivierenden Wirkung Sinn. Weiterhin kann hier unter höchster Belastung in der Gruppe auch wettkampfspezifisches Verhalten geübt werden. Die zu trainierende Ausdauerform hängt dabei natürlich von Umfang, Belastung und Dauer des Wettkampfes ab.

Didaktische Hinweise

Die Gestaltung der einzelnen Übungen für den Sportunterricht hat das Ziel, individuelle Bewegungserlebnisse für alle Schüler zu schaffen. Um Frustrationserlebnisse oder Enttäuschungen zu verhindern, werden zu sämtlichen Übungen, Staffeln oder Spielen Differenzierungsmöglichkeiten angeboten. Aufgrund der großen Unterschiede bei den sportlichen Voraussetzungen der Schüler im Ausdauerbereich ist es wichtig, die Übungen abwechslungsreich und altersgerecht, aber herausfordernd zu gestalten. Die Lernenden sollten dabei nie den Spaß an der Bewegung verlieren.

Allgemeine Differenzierungsmöglichkeiten in diesem Bereich sind z. B. das Laufen in leistungshomogenen Gruppen, wenn das gemeinsame schnelle Tempo im Vordergrund steht, oder in leistungsheterogenen Gruppen, in welchen die schwächeren Läufer das Tempo bestimmen. Ausreichende Pausen sollten dabei fest eingeplant, aber auch situationsbedingt angeboten werden. Ein Cooldown in Form eines leichten Austrabens oder gemeinsamen Dehnens am Ende einer intensiven Unterrichtsstunde bietet außerdem für jeden Schüler die Möglichkeit, das Erlernte für sich zu resümieren. Die Übungen zur Leichtathletik sind beim Einsatz im Schulsport für die Halle konzipiert, können aber jederzeit, falls vorhanden, auf Rundbahnen oder auf dem Sportplatz durchgeführt werden. Einige Übungen eignen sich sehr gut als kleine Erwärmung zur Aktivierung der Schüler zu Beginn einer Unterrichtsstunde. Die Einordnung der Stundenbilder zu den Jahrgangsstufen ist jeweils ein Vorschlag, der sich nach Belastung, Schwierigkeitsgrad und Intensität richtet. Sämtliche Übungen können ebenso jahrgangsübergreifend genutzt werden.

Piktogramme

Methoden der Ausdauerschulung, Ausdauerform, Sozialform

Differenzierung

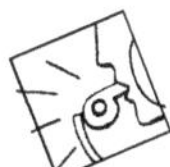
Durchführung, Kompetenzen, Lernziele

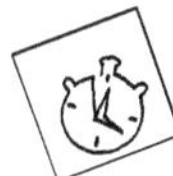
Zeitaufwand

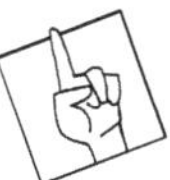
Wichtige Hinweise zu Sicherheitsaspekten, Anweisungen und Erweiterungsmöglichkeiten

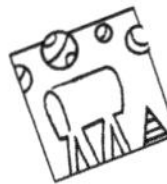
Materialeinsatz

Übersicht der Übungen, Spiele und Wettkämpfe

Übung		Methode/-n	Ausdauerform/-en
1	Lauf-ABC 1	Intervallmethode	Grundlagen-/Kraftausdauer
2	Lauf- und Übungsformen 1	alle Methoden	alle Ausdauerformen
3	Rhythmisch laufen	Intervallmethode	Grundlagen-/Langzeitausdauer
4	Minutenlauf	Intervallmethode	Grundlagen-/Langzeitausdauer
5	Tempoanzeiger	Intervallmethode	Grundlagen-/Langzeitausdauer
6	Bahnhofslauf	Intervallmethode	Grundlagen-/Kraftausdauer
7	Wettkampf der Züge	Intervallmethode	Grundlagen-/Kraftausdauer
8	Piratenschatz	Wettkampf-/Intervallmethode	Grundlagen-/Kraftausdauer
9	Jagd auf dem Markt	Wettkampf-/Intervallmethode	Grundlagen-/Schnellkraftausdauer
10	Transportlauf	Wettkampfmethode	Grundlagen-/Kraftausdauer
11	Weltreise	Wettkampfmethode	Grundlagen-/Kraftausdauer
12	Puzzlelauf	Wettkampf-/Intervallmethode	Grundlagen-/Schnellkraftausdauer
13	Biathlon	Wettkampfmethode	Grundlagen-/Kraftausdauer
14	Orientierungslauf 1	Intervallmethode	Grundlagenausdauer
15	Schulbus	Intervallmethode	Grundlagen-/Langzeitausdauer
16	Testlauf 1	Dauermethode	Langzeitausdauer
17	Lauf-ABC 2	Intervallmethode	Grundlagen-/Kraftausdauer
18	Puls messen	Intervallmethode	alle Ausdauerformen
19	Eckpunktlauf	Intervallmethode	Grundlagen-/Langzeitausdauer
20	Begegnungslauf	Dauermethode	Grundlagen-/Langzeitausdauer
21	Temposchätzlauf	Intervallmethode	Grundlagen-/Kraftausdauer
22	Laufschleife	Dauermethode	Grundlagen-/Langzeitausdauer
23	Sammellauf	Wettkampfmethode	Grundlagen-/Kraftausdauer
24	Runden zählen	Intervallmethode	Grundlagenausdauer
25	Runden addieren	Intervallmethode	Grundlagen-/Kraftausdauer
26	Würfelstaffel	Wettkampf-/Wiederholungsmethode	Schnellkraftausdauer

Übersicht der Übungen, Spiele und Wettkämpfe

Übung		Methode/-n	Ausdauerform/-en
27	Glücksradlauf	Wettkampfmethode	Grundlagen-/Kraftausdauer
28	Memory-Lauf	Wettkampf-/Wiederholungsmethode	Schnellkraftausdauer
29	Stadt-Land-Fluss-Rallye	Wettkampf-/Wiederholungsmethode	Schnellkraftausdauer
30	Sechs-Tage-Rennen	Wettkampf-/Intervallmethode	Kraft-/Langzeitausdauer
31	Orientierungslauf 2	Wettkampf-/Intervallmethode	Grundlagen-/Langzeitausdauer
32	Fotos sammeln	Wettkampf-/Intervallmethode	Grundlagen-/Langzeitausdauer
33	Lauf- und Übungsformen 2	alle Methoden	alle Ausdauerformen
34	Tempo vorgeben	Dauer-/Intervallmethode	Grundlagenausdauer
35	Intervalle laufen	Intervallmethode	Grundlagen-/Langzeitausdauer
36	Der Schnellere läuft Umwege	Dauermethode	Grundlagenausdauer
37	Laufende Begegnungen	Intervallmethode	Grundlagenausdauer
38	Gerätezirkel	Dauer-/Intervallmethode	Kraft-/Langzeitausdauer
39	Buchstabenlauf	Intervallmethode	Grundlagenausdauer
40	Würfelteam	Wettkampfmethode	Grundlagen-/Kraftausdauer
41	(Nordic) Walking	Dauermethode	Grundlagen-/Langzeitausdauer
42	Bike and run	Intervallmethode	Grundlagenausdauer
43	Orientierungslauf 3	Wettkampf-/Intervallmethode	Grundlagen-/Langzeitausdauer
44	Orientierungslauf 4	Wettkampf-/Intervallmethode	Grundlagen-/Langzeitausdauer
45	Schatzjäger	Wettkampf-/Intervallmethode	Grundlagen-/Langzeitausdauer
46	Geocaching	Dauer-/Intervallmethode	Grundlagen-/Langzeitausdauer
47	Abschlussläufe	Wettkampfmethode	alle Ausdauerformen
48	Laufabzeichen	Dauermethode	Langzeitausdauer

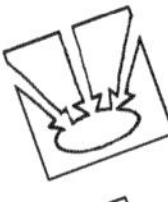

Intervallmethode – Grundlagen-/Kraftausdauer – Einzel-/Gruppenarbeit

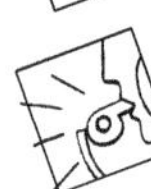

Bevor man mit ersten Spielen und Übungen zur Verbesserung der Ausdauer beginnt, ist es wichtig, die Lauftechniken der Schüler zu beobachten, um diese individuell anhand verschiedener koordinativer Laufaufgaben technisch optimieren zu können. Sämtliche Übungen des Lauf-ABCs sind zudem effektive Möglichkeiten für eine gezielte Erwärmung. Es ist besonders wichtig, dass die einzelnen Übungen – in der Regel durch die Lehrkraft – korrekt gezeigt werden. Das Lauf-ABC eignet sich sowohl für die Laufbahn, eine Rasenfläche als auch für die Sporthalle. Mit Pylonen wird dazu eine kurze Strecke zwischen 10 und 20 m abgesteckt, die breit genug sein sollte, dass die Schüler nebeneinanderlaufen können. Jede Übung wird drei- bis viermal wiederholt, wobei der Hinweg für die Übung und der Rückweg zum lockeren Traben gedacht sind.

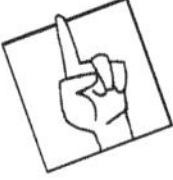

Die Beobachtungen der Lehrkraft sollten sich dabei auf folgende Bereiche konzentrieren, um gezielte Rückmeldungen zur Verbesserung geben zu können:

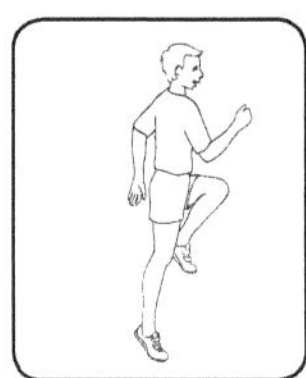

Hopserlauf
1. aktiver Fußaufsatz beim Abstoßen
2. Kniehub mit hoher Hüfte
3. schwungvoller/aktiver Armeinsatz

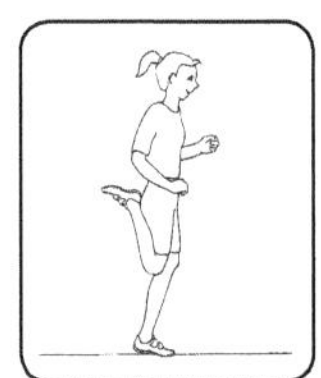

Anfersen
1. hohe Frequenz
2. Laufen über den Ballen und Abrollen des Fußes
3. leichte Vorlage des aufrechten Oberkörpers
4. aktiver Armeinsatz (Rhythmus)

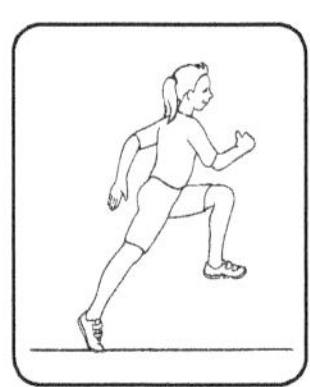

Sprunglauf
1. Sprünge von einem Bein auf das andere
2. aktives Abstoßen aus dem Fußgelenk
3. Streckung von Fuß-, Knie- und Hüftgelenk beim Abdrücken
4. aktiver Armeinsatz (Rhythmus)

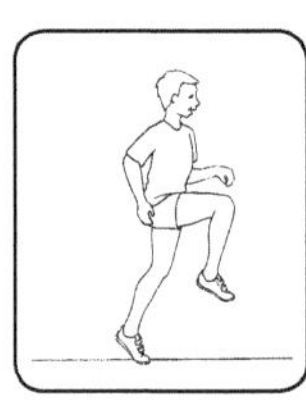

Kniehub
1. leichte Vorlage des aufrechten Oberkörpers
2. aktiver Armeinsatz (Rhythmus)
3. aktives Abstoßen und Aufsetzen des Fußes
4. Oberschenkel schnell hoch bis in die Waagerechte

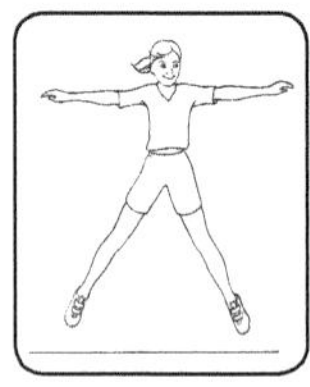

Sidesteps
1. aufrechter Oberkörper
2. rhythmische Seitgrätsche
3. Arme werden aktiv über Kreuz mitgeschwungen
4. Richtungswechsel

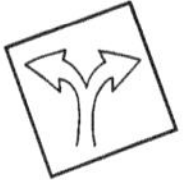

Schüler, die die Techniken schnell beherrschen oder Erfahrungen aus der Leichtathletik mitbringen, können die Übungen anleiten oder anderen helfen.

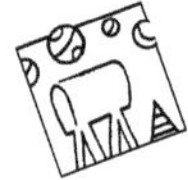

Pylonen

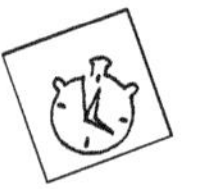

10–15 Minuten

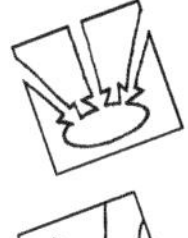

alle Methoden – alle Ausdauerformen – Einzel-/Partner-/Gruppenarbeit

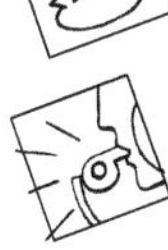

Beim Ausdauertraining sollte nie ein Gefühl der Langeweile bei den Schülern aufkommen. Dies kann einerseits durch abwechslungsreiche und motivierende Übungen, andererseits durch Spielformen oder unterschiedliche Umgebungen erreicht werden. Dabei ist es erforderlich, auch die koordinativen Fähigkeiten und Fertigkeiten einzubeziehen. So gibt es neben dem Lauf-ABC weitere Übungsformen und Spiele, die in Erwärmungsphasen, zur Variation einzelner Übungen und zur abwechslungsreichen Gestaltung eingesetzt werden können, wie z. B.:

Linienlauf (spezielle Aufgaben)

- jeder Linie wird eine Laufaufgabe zugewiesen
- Variieren der Geschwindigkeit
- vorwärts-/rückwärtslaufen
- Übungen aus dem Lauf-ABC

Figurenlauf

- geometrische Figuren
- Zahlen
- Buchstaben
- Tiere

Laufen mit Hindernissen (z. B. Slalom)

- Matten
- Kästen und Kartons
- Bänke
- Barren

Laufen mit Geräten

- Seil
- Bälle
- Luftballons
- Reifen/Stäbe
- Tücher/Zeitungen

Synchron laufen

- nach Rhythmus
- wechselnde Geschwindigkeit
- Figuren laufen

In der Gruppe laufen

- Kettenlaufen
- in einer Linie hintereinander
- in einer Reihe nebeneinander

Kleine Fang- und Tickspiele

- Schwänzchen-Klau
- Nudel-Tick
- Oma-Löwe-Jäger

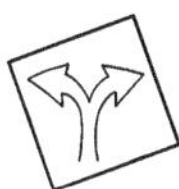

Die meisten Übungen sind jeweils im individuellen Tempo der Schüler zu absolvieren. Von Beginn an sollte den Schülern jedoch verdeutlicht werden, dass Pausen zwar stets möglich sind, eine Leistungssteigerung aber auch mit Anstrengungsbereitschaft verbunden ist.

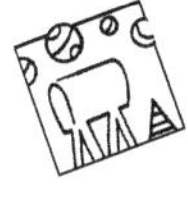

verschiedene Geräte und Materialien

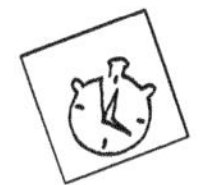

5–15 Minuten

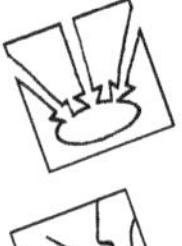

Intervallmethode – Grundlagen-/Langzeitausdauer – Einzelarbeit

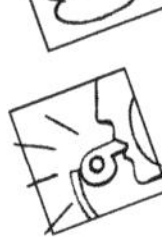

Das Ziel der Übung ist eine Anpassung des Lauftempos an den Rhythmus der Musik, wodurch die Schüler eine gleichmäßige Geschwindigkeit besser halten können. Sie laufen alle für sich allein durch die Halle. Es gibt keine vorgeschriebene Richtung.

Während der unterschiedlichen Musikstücke sollen die Kinder passend zum Rhythmus verschiedene Laufformen aus dem Lauf-ABC einbauen und ihre Geschwindigkeit dem Takt anpassen. Jeder Musiktitel wird über eine vorab besprochene Zeit (1–2 Minuten) abgespielt. Insgesamt werden vier bis fünf unterschiedliche Titel gespielt.

In der abschließenden Reflexion können die Empfindungen der Schüler in Bezug auf die Belastung während einzelner Musikstücke besprochen werden. Ihr Verhältnis zur Belastungsdauer ist hier sehr wichtig und ebenso die Fragen, ob und in welcher Form sich Musik zum Laufen eignet.

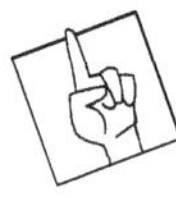

Die Übung kann beliebig erweitert werden. Schnelle Musik sollte etwas länger laufen, wenn langsamere Titel als Erholungsphase und Intervallelemente dienen. Weiterhin könnte man noch koordinative Fähigkeiten schulen, indem einzelnen Musikstücken Bewegungsformen aus dem Lauf-ABC zugeordnet werden und diese dann alle 30 Sekunden wechseln.

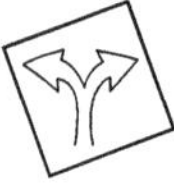

Falls den Schülern keine Übungen aus dem Lauf-ABC einfallen, kann der Lehrer mitlaufen und diese zeigen. Weiterhin besteht die Möglichkeit, Schilder mit einem Hinweis auf die Übungen hochzuhalten.

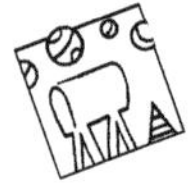

Musik, Stoppuhr, Abspielgerät

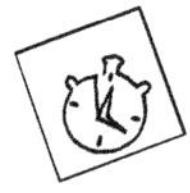

10–20 Minuten

Intervallmethode – Grundlagen-/Langzeitausdauer – Einzelarbeit

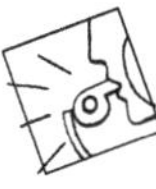

Ein wichtiges Ziel des Ausdauertrainings ist das Erlernen eines Tempo- und Zeitgefühls. Bei dem „Minutenlauf" wird den Schülern eine Zeit vorgegeben (zunächst 2–5 Minuten). In dieser Zeitspanne kann eine Laufstrecke und ein gleichmäßiges Tempo individuell gewählt werden. Nach Ablauf der Zeit sollten die Schüler pünktlich wieder am Startpunkt angekommen sein.

Der Lauf sollte, wenn möglich, in einem abwechslungsreichen Gelände stattfinden. Hierfür eignen sich der Schulhof, kleine Waldgebiete, die angrenzende Umgebung der Schule etc. Da die Wahl der zu laufenden Strecke jedem Schüler selbst überlassen bleibt, ist die Übung auf der Laufbahn oder in der Halle weniger geeignet. Nach Ablauf der Zeit folgt eine lohnende Pause. Je nach Leistungsstand der Lerngruppe kann die Aufgabe beliebig oft wiederholt werden.

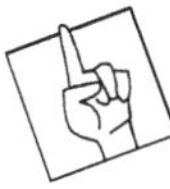

Die Übung kann auch als Wettkampf durchgeführt werden. Es wird dann jeweils das pünktliche Eintreffen beim Zeitnehmer/Lehrer gewertet. Dieser verkündet nach Eintreffen der letzten Läufer die zeitlichen Abstände zur vorgegebenen Zeit. Der Lauf sollte dann in derselben Zeitvorgabe wiederholt werden, damit die Schüler Tempo und Strecke besser anpassen können. Erst danach kann eine neue Laufzeit ausgesucht werden.

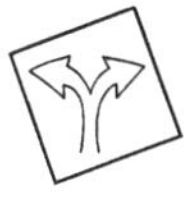

Die Zeitspanne sollte je nach Leistungsstand erhöht werden. Im Rahmen der Temposchätzläufe ist es jedoch sinnvoll, die Schüler zunächst kürzere Zeiten laufen zu lassen.

Die Schüler können selbstständig kleinere Laufgruppen bilden. Der Lehrer gibt z. B. per Pfiff nach jeder Minute Signale für das Verstreichen der Gesamtzeit. Ebenfalls könnten einzelne Schüler mit Stoppuhren ausgestattet werden, welche dann Zwischenzeiten weitergeben.

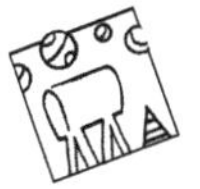

Signalpfeife, Stoppuhr(en), Notizzettel, Stifte

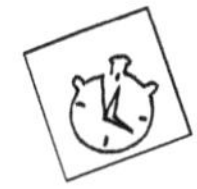

10–20 Minuten

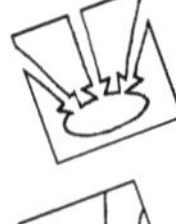

Intervallmethode – Grundlagen-/Langzeitausdauer – Einzel-/Gruppenarbeit

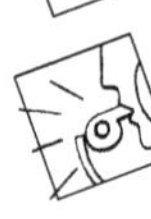

Das Ziel der Übung ist das Halten eines vorgegebenen Tempos über eine längere Zeit. Die Lehrkraft steht in der Mitte des gekennzeichneten Laufareals und dreht sich in regelmäßigen Abständen mal langsamer und mal schneller mit ausgebreiteten Armen im Kreis, um das Tempo für die zwei Laufgruppen anzuzeigen. Die Gruppen können sich dabei an der Drehbewegung des Lehrers orientieren. Außerdem ist die Laufstrecke im Viereck so abgesteckt, dass die Pylonen als Markierung ebenfalls eine Orientierung bieten.

Auf Pfiff des Lehrers muss der jeweils letzte Läufer jeder Gruppe an die Spitze seines Teams laufen und bis zum nächsten Pfiff dafür sorgen, dass das Tempo weiter eingehalten wird. Funktioniert die Tempovorgabe, kann der Lehrer diese an eine Gruppe abgeben. Hierbei könnte Musik als rhythmische Tempovorgabe hilfreich sein. Dabei bestimmt die Lehrkraft eine Gruppe, welche das Tempo vorgibt und an der sich das andere Team orientiert. Auf Pfiff des Lehrers wechselt dann das Recht der Tempovorgabe von Team zu Team. Die Führung der Gruppe wechselt nach jedem Durchgang ebenfalls selbstständig.

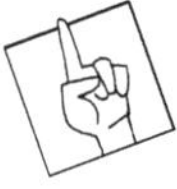

Weiterhin könnten Richtungswechsel auf einen Doppelpfiff eingebaut werden. In einem etwas größeren Areal könnten auch vier Gruppen gleichzeitig laufen.

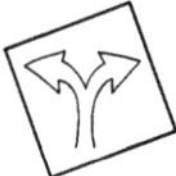

Leistungsschwächere Schüler dürfen zwischendurch eine Runde aussetzen. Eine andere Möglichkeit besteht darin, dass sie die Aufgabe des Lehrers als Tempoanzeiger in der Mitte vorübergehend übernehmen, nachdem dieser der Lerngruppe gegenüber den Ablauf verdeutlicht hat.

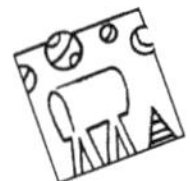

Pylonen, Trillerpfeife, Musik

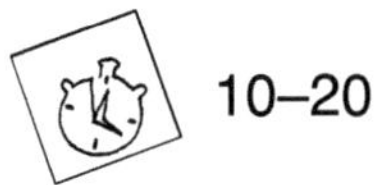

10–20 Minuten

Intervallmethode – Grundlagen-/Kraftausdauer – Gruppenarbeit

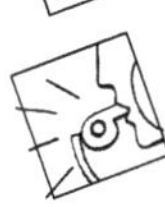

Das Ziel der Übung ist das Erlernen eines Tempogefühls zum kontinuierlichen Laufen einer vorab bestimmten Laufzeit und -strecke. Die Schüler organisieren sich im Rahmen dieser offenen Unterrichtsform in ihren Laufgruppen selbst und laufen unabhängig von den anderen Gruppen.

In jedem Durchgang soll eine Rundenzahl in einer vorgegebenen Zeit gelaufen werden. Dabei soll immer ein anderer Schüler die Führung übernehmen und sein Team möglichst pünktlich ins Ziel bringen. Eventuelle zeitliche Abweichungen von der Vorgabe werden anschließend von den Gruppen selbst dokumentiert. Die Laufstrecke sollte ca. die Größe des Basketball- oder Volleyballfeldes haben (ca. 28 m × 15 m).

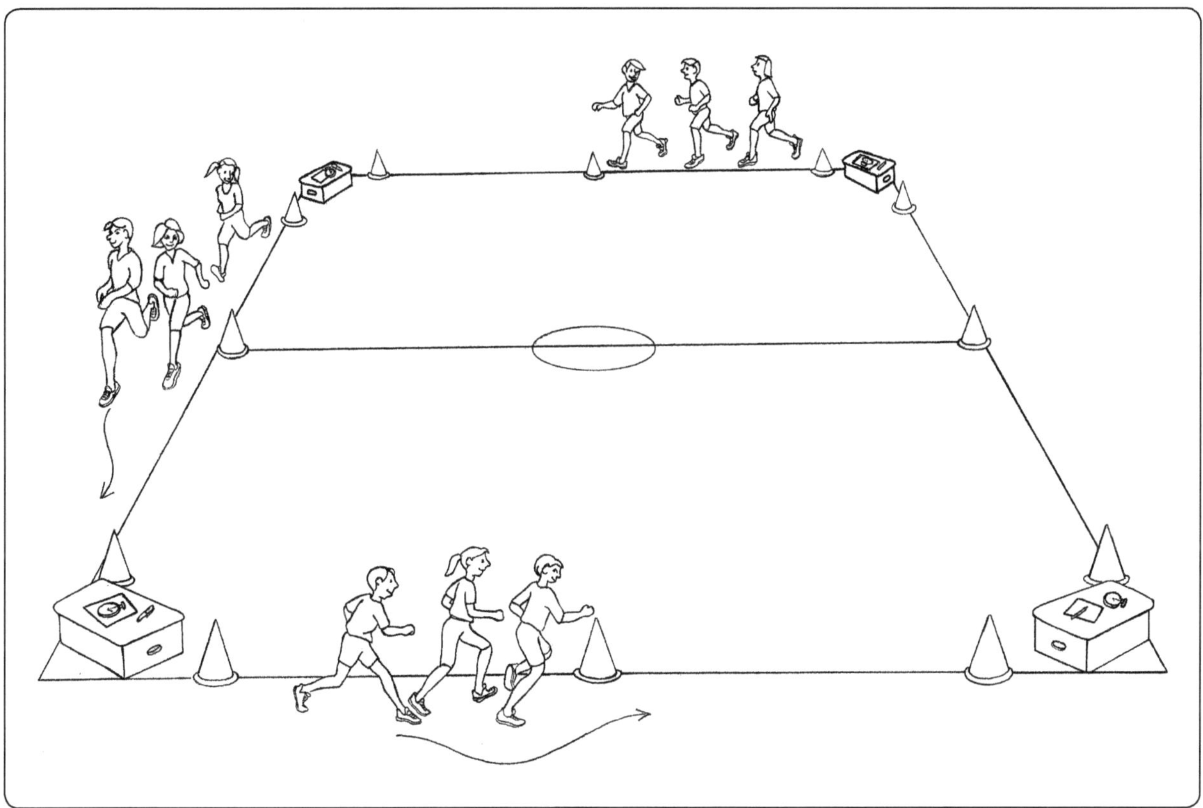

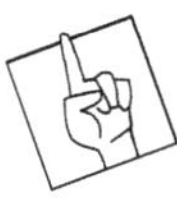

Bei dieser Übung ist es wichtig, die Schüler auf ehrliche Angaben bei den zeitlichen Abweichungen von der Zielzeit hinzuweisen, da es hier nur um die Übung eines gleichmäßigen Tempos und Zeitgefühls geht und es keinen Wettbewerb zwischen den einzelnen Teams gibt. Deshalb sollten Differenzierungsmöglichkeiten auch nur bei starken zeitlichen Unterschieden zur besseren Orientierung genutzt werden.

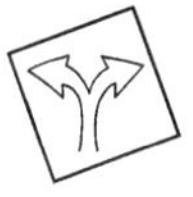

Zu Beginn dürfen die Schüler einmal die Stoppuhr mitnehmen oder im Vorbeilaufen auf die Stoppuhr schauen. Leistungsschwächere Schüler dürfen zwischendurch einen Durchgang aussetzen.

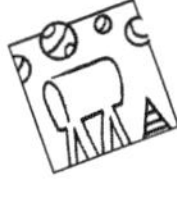

Pylonen, kleine Kästen, Stoppuhren, Arbeitsbögen (Vorlage im Anhang S. 56), Stifte

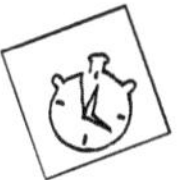

20–25 Minuten

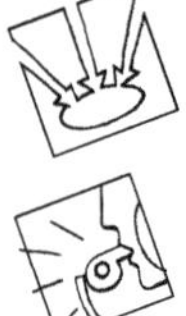

Intervallmethode – Grundlagen-/Kraftausdauer – Gruppenarbeit

Nach einer ersten Reflexion lässt sich aus der Laufübung „Bahnhofslauf" ein Wettkampf machen. In jedem Durchgang wird dabei eine Rundenzahl in einer vorgegebenen Zeit gelaufen, wobei auch hier immer ein anderer Schüler die Führung übernimmt und sein Team möglichst pünktlich in das Ziel bringt. Die Lehrkraft gibt jeweils Runden und Zeiten vor und verteilt nach jedem Durchgang Punkte für die Pünktlichkeit.

Die pünktlichste Gruppe bekommt z. B. drei Punkte, das zweitbeste Team zwei Punkte etc. Wer am spätesten oder am frühesten im Bahnhof einläuft, erhält keinen Punkt. Erst wenn der letzte Schüler einer Gruppe im Ziel ist, wird die Zeit gewertet. Die Laufstrecke sollte ca. die Größe des Basketball- oder Volleyballfeldes haben (ca. 28 m × 15 m).

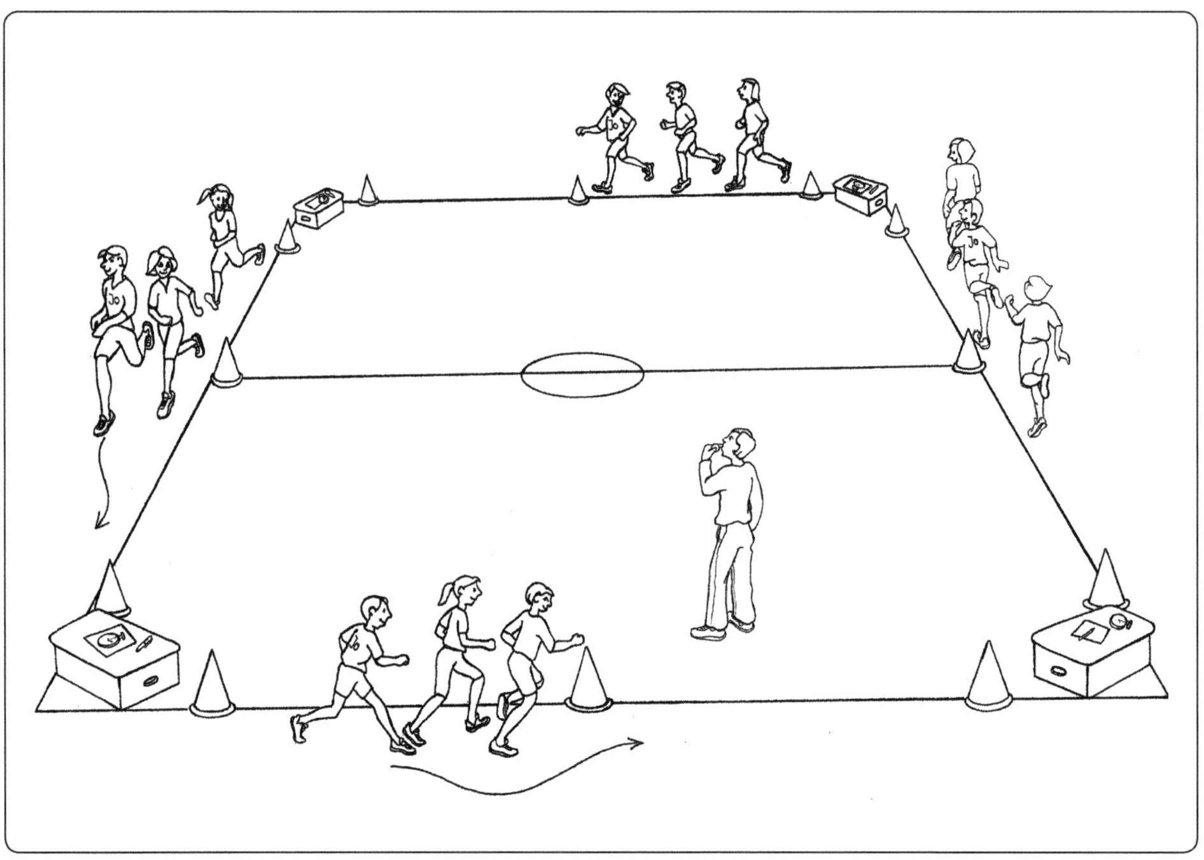

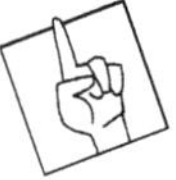

Falls Schwierigkeiten bei der Übersicht über die Gruppen auftreten, können diese mit Leibchen oder Parteibändern gekennzeichnet werden.

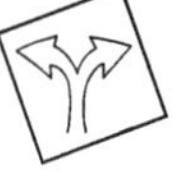

Zu Beginn kann der Lehrer zur besseren Orientierung Zwischenzeiten durchsagen oder einmal pfeifen. Leistungsschwächere Schüler dürfen zwischendurch einen Durchgang aussetzen. Jede Gruppe kann zudem einen Joker einsetzen, wie z. B. den Austausch der Lok, falls ein Schüler der Gruppe das jeweilige Tempo besonders gut vorgeben kann.

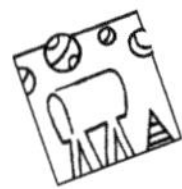

Pylonen, kleine Kästen, Stoppuhr, eventuell Parteibänder/Leibchen

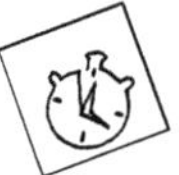

10–15 Minuten

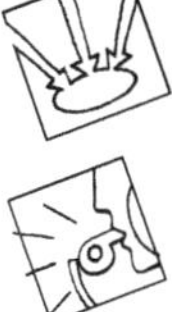

Wettkampf-/Intervallmethode – Grundlagen-/Kraftausdauer – Einzel-/Partnerarbeit

Das Ziel des Spiels ist das Sammeln von vorab gruppenbezogenen Gegenständen, wie z. B. Badmintonshuttles, Tennisbällen oder anderen handlichen Gegenständen, welche sich unter kleinen Pylonen verstecken lassen. Das Spielfeld kann dabei in der Sporthalle oder auf dem Außengelände aufgebaut werden.
Nachdem die Schüler in Gruppen (drei bis fünf Läufer) eingeteilt worden sind, startet das Spiel auf Signal des Lehrers. Bevor jeder einzelne Läufer das Schatzareal betreten darf, muss er eine Runde im Außenfeld gelaufen sein. Erst dann darf unter den Pylonen der Gruppenschatz (z. B. ein Tennisball) gesucht werden. Dabei werden die Pylonen einzeln angehoben.
Befindet sich darunter nicht der gesuchte Schatz, wird der Gegenstand wieder verdeckt. Andernfalls muss die Pylone auf die Seite gekippt werden. Der Gegenstand wird dann in die Schatztruhe der Gruppe (kleiner umgedrehter Kasten) gelegt und der nächste Läufer darf starten. Es sollten bei größeren Gruppen immer zwei Läufer aus jedem Team gleichzeitig laufen.

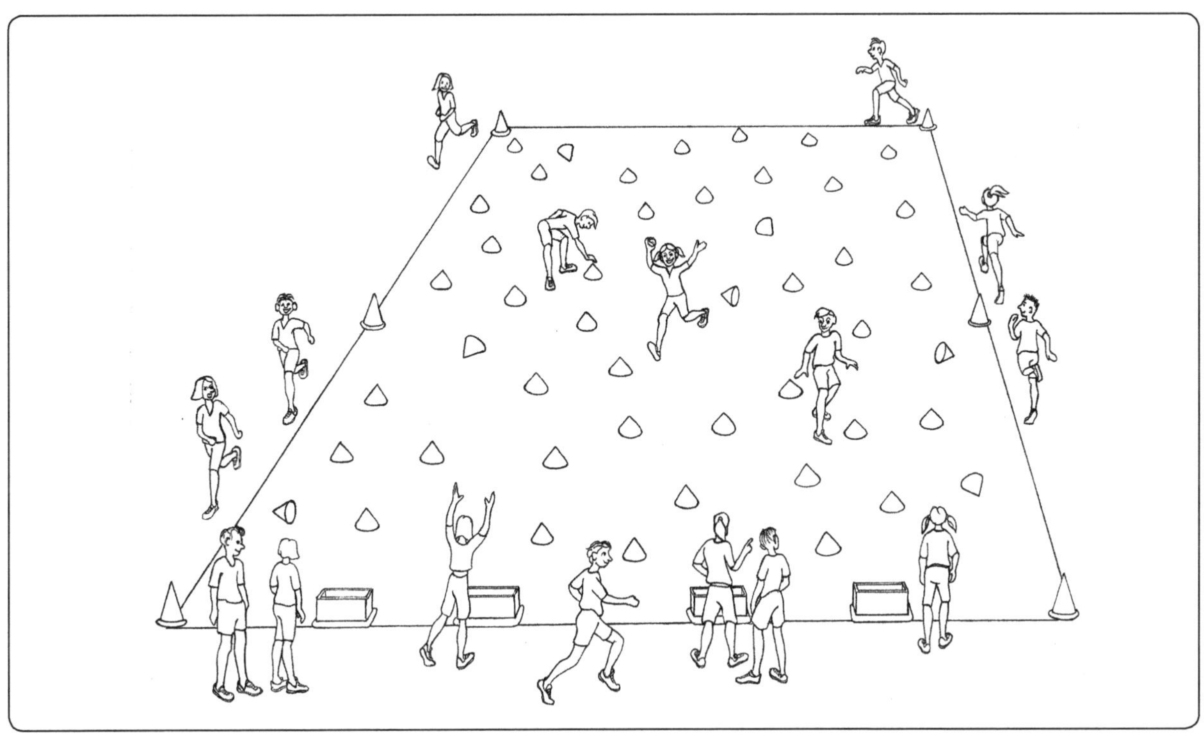

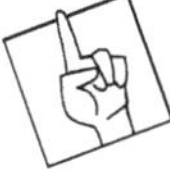

Damit die Schüler während des Wettkampfes nicht nur sprinten, sondern an ihrer aeroben Ausdauer arbeiten, sollte die Außenrunde so groß gewählt sein, dass jedem Teilnehmer bewusst ist, dass er seine Kraft über das gesamte Spiel einteilen muss. Dies muss natürlich vor dem Spiel besprochen werden. Die Anzahl der zu suchenden Gegenstände sollte so hoch gewählt werden, dass jedes Gruppenmitglied mindestens dreimal oder auch öfter läuft.

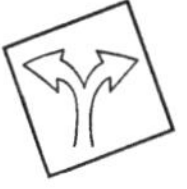

Nach Auffinden des richtigen Gegenstandes können die Pylonen auch wieder aufgestellt werden, um die weitere Suche zu erschweren. Jede Gruppe muss sich dann durch Beobachtung der anderen Läufer die richtigen Positionen merken.

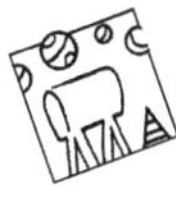

Pylonen, kleine Kästen, kleine Gegenstände (Tennisbälle, Shuttles, etc.)

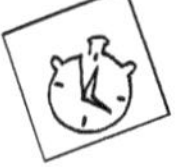

10–20 Minuten

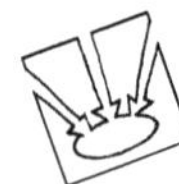

Wettkampf-/Intervallmethode – Grundlagen-/Schnellkraftausdauer – Einzel-/Gruppenarbeit

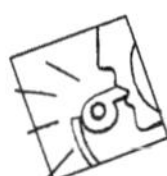

Das Ziel dieses Spiels ist das taktische Sammeln und Stehlen von vorab gruppenbezogenen Bällen, wie z. B. Fußbällen, Handbällen, Basketbällen oder Volleybällen. Das Spielfeld kann der Lerngruppe entsprechend groß in der Sporthalle aufgebaut werden. Das Basketballfeld eignet sich jedoch besonders, da der Großmarkt hier zentral im Mittelkreis aufgebaut werden kann.

Die Schüler werden in vier Gruppen (drei bis fünf Läufer) eingeteilt. In der Mitte des Spielfeldes liegt der Großmarkt, in welchem zu Beginn in umgedrehten Kastendeckeln jeweils fünf der gruppenbezogenen Bälle liegen. Das Spiel beginnt auf Signal des Lehrers. Jedes Team muss nun versuchen, seine fünf Bälle in das eigene Lager in einer der Spielfeldecken zu bringen. Dabei darf jedoch immer nur ein Läufer zur selben Zeit unterwegs sein und nicht nur einen eigenen Ball aus dem Großmarkt holen, sondern stattdessen auch taktisch optional dort einen Ball der Gegner mitnehmen oder ihn aus einem der gegnerischen Lager klauen. Kommt ein Läufer mit einem Ball in das eigene Lager zurück, darf der nächste loslaufen. Jede Mannschaft hat dazu vor dem Start eine feste Reihenfolge besprochen.

Gewonnen hat das Team, welches zuerst seine fünf Bälle in dem eigenen Lager deponiert hat oder das nach zeitlicher Beendigung des Spiels (4–5 Minuten) die meisten Bälle der eigenen Gruppe gesammelt hat. Nach einer kurzen Pause gehen die Teams ein Lager im Uhrzeigersinn weiter und das Spiel wird erneut gestartet.

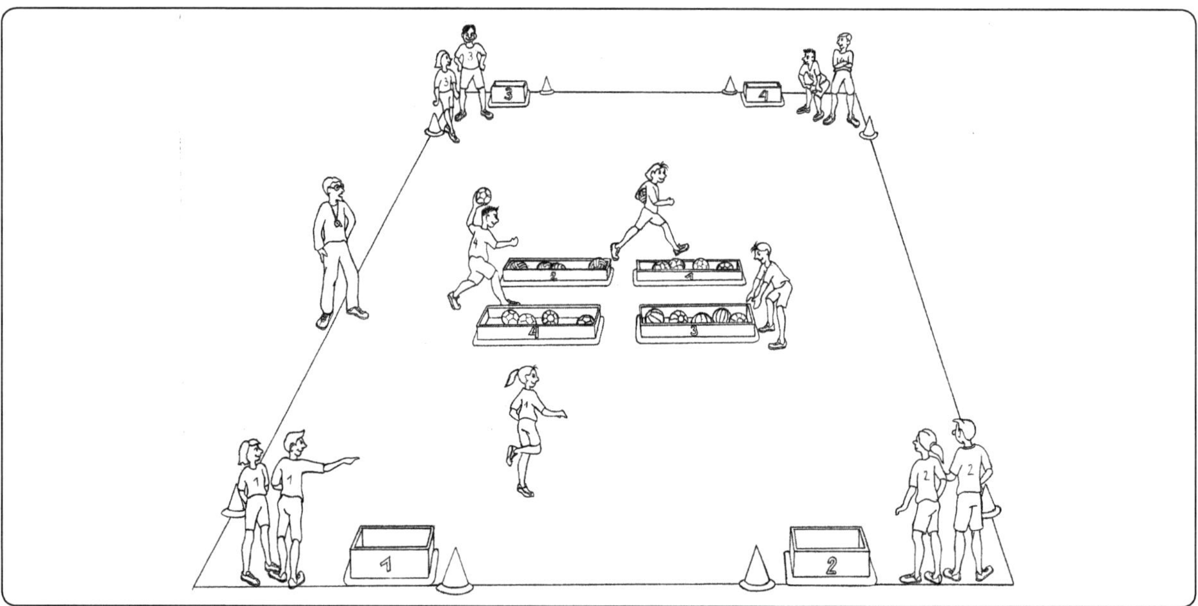

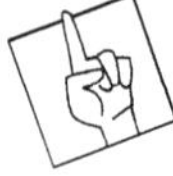

Je nach Fitnessgrad der Gruppe sollten die Wege zur Spielfeldmitte kürzer oder länger gewählt werden. Hierbei gilt: je kürzer die Strecke, desto kürzer die Pausen.

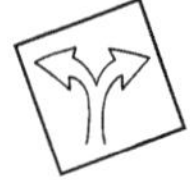

Schüler, die eine Pause benötigen, dürfen zweimal pro Durchgang einen Gruppenjoker ziehen und einen Schüler aus dem eigenen Team für sich laufen lassen. Um eine gewisse Chancengleichheit zu wahren, empfiehlt es sich, die Gruppen durch die Lehrkraft einteilen zu lassen.

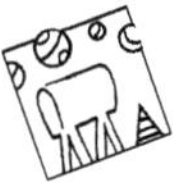

Pylonen, 4 Kastendeckel, 4 kleine Kästen, Basketbälle, Fußbälle, Volleybälle, Handbälle

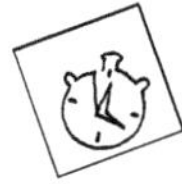

15–20 Minuten

10. Transportlauf

5/6

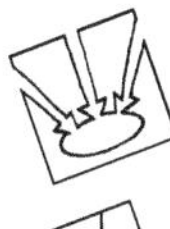

Wettkampfmethode – Grundlagen-/Kraftausdauer – Einzel-/Gruppenarbeit

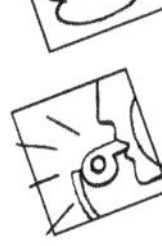

Bei diesem Spiel sind in einer vorgegebenen Zeit von ca. 8 bis 12 Minuten, je nach Leistungsstand der Lerngruppe, alle Schüler im Wettkampf dauerhaft aktiv. Dabei sind sie aufgeteilt in vier Gruppen. Das Ziel ist das Einsammeln und Transportieren von Tennisbällen, welche von einem farbigen Eimer zum nächsten gebracht werden müssen. Das Spielfeld kann dabei in der Sporthalle oder auf dem Außengelände aufgebaut werden.
Nachdem die Schüler in vier Gruppen (fünf bis sieben Läufer) eingeteilt worden sind, startet das Spiel auf Signal des Lehrers. Vom Startsignal bis zum Ende laufen die Schüler nun in der Runde. Jede Gruppe besitzt einen leeren Zähleimer und einen Eimer, in dem die Bälle liegen.
Jeder Läufer kann pro Runde einen Tennisball aus dem vollen Eimer transportieren und in den eigenen Zähleimer legen. Der Start erfolgt vom leeren Zähleimer der Gruppe aus. Der Wettkampf wird durch ein Signal des Lehrers beendet. Alle dann bereits aufgesammelten Tennisbälle dürfen die Schüler dann noch in den Zähleimer legen, der auch das Ziel des Laufs darstellt.

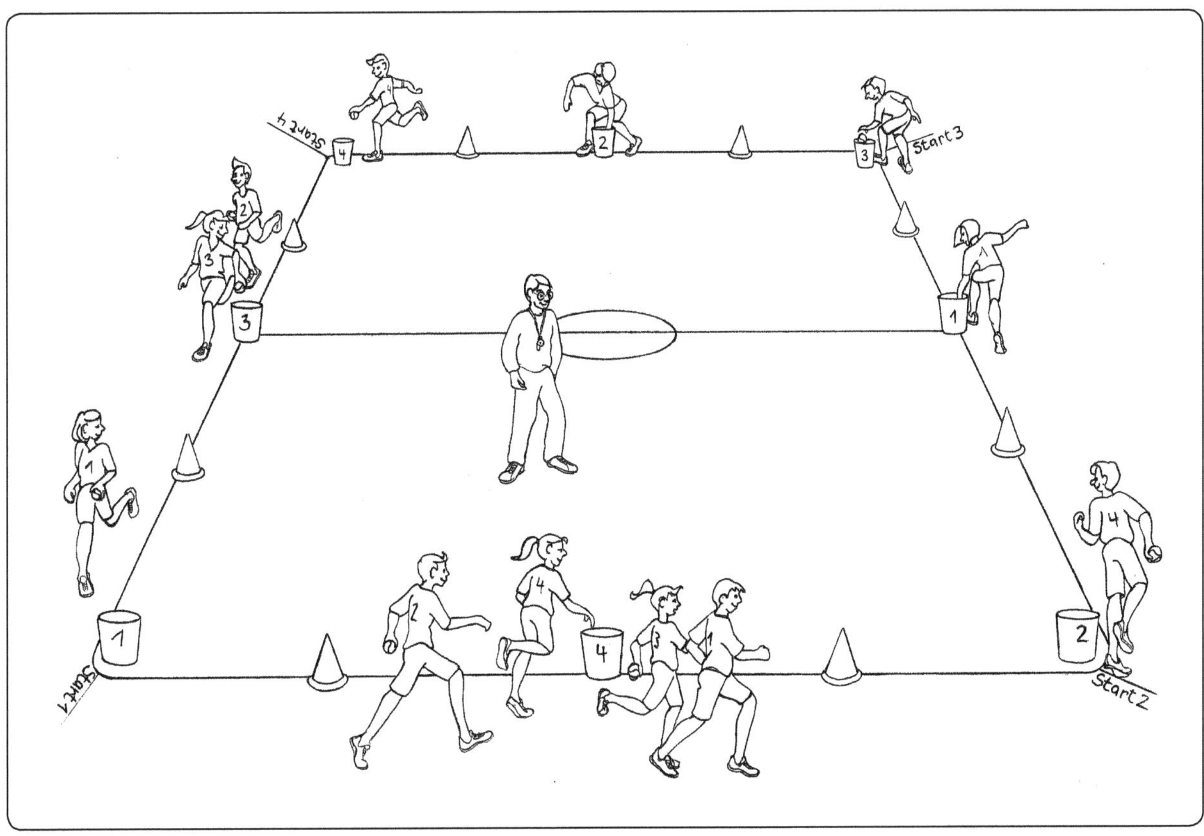

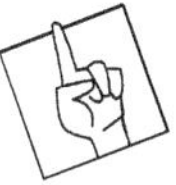

Damit die Schüler während des Wettkampfes nicht nur sprinten, sondern an ihrer aeroben Ausdauer arbeiten, sollte die Runde so groß gewählt sein, dass jeder Teilnehmer seine Kraft über das gesamte Spiel einteilen muss. Dies wird vor dem Spiel besprochen. Nach einer kurzen Erholungspause kann eine Rückrunde erfolgen.

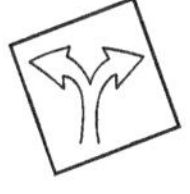

Jede Gruppe darf vorab einen Schüler bestimmen, der zwei Tennisbälle pro Runde transportiert.

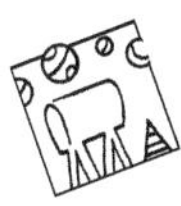

Pylonen, 8 Eimer in 4 Farben, Tennisbälle

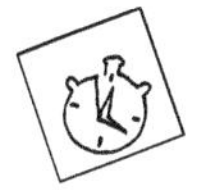

10–15 Minuten

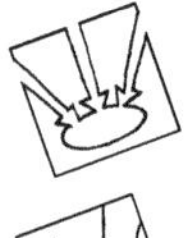

Wettkampfmethode – Grundlagen-/Kraftausdauer – Gruppenarbeit

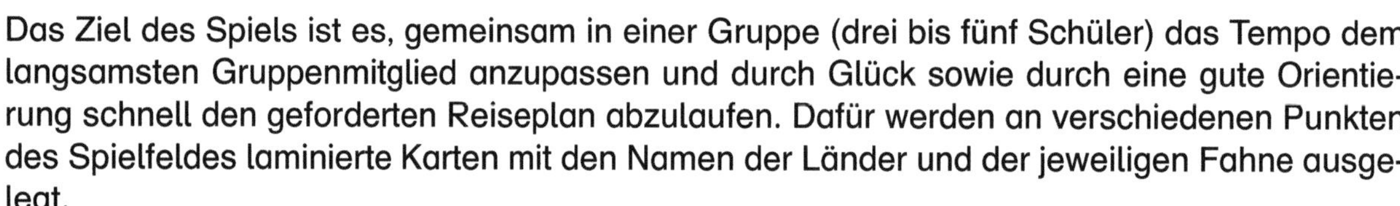

Das Ziel des Spiels ist es, gemeinsam in einer Gruppe (drei bis fünf Schüler) das Tempo dem langsamsten Gruppenmitglied anzupassen und durch Glück sowie durch eine gute Orientierung schnell den geforderten Reiseplan abzulaufen. Dafür werden an verschiedenen Punkten des Spielfeldes laminierte Karten mit den Namen der Länder und der jeweiligen Fahne ausgelegt.
Auf ein Zeichen des Lehrers beginnen die Gruppen von einem Ausgangspunkt aus ihre Reise und laufen die jeweiligen Karten, welche durch Pylonen markiert sind, ab. Dabei muss die Reihenfolge des Reiseplans eingehalten werden. Wird das richtige Land gefunden, darf die Gruppe eine Länderkarte mitnehmen und als Souvenir zurück zum Ausgangspunkt bringen. Auf dem Reiseplan der Gruppe wird das entsprechende Land abgehakt.
Damit die Gruppen immer gemeinsam laufen, muss jedes Gruppenmitglied die Pylone am Zielland einmal berührt haben. Am Ausgangspunkt müssen alle einmal hinter eine vorab festgelegte Linie treten, bevor es weitergeht. Erst dann darf das nächste Ziel angelaufen werden. Das Team, welches seinen Reiseplan als Erstes erlaufen hat, gewinnt die Weltreise.

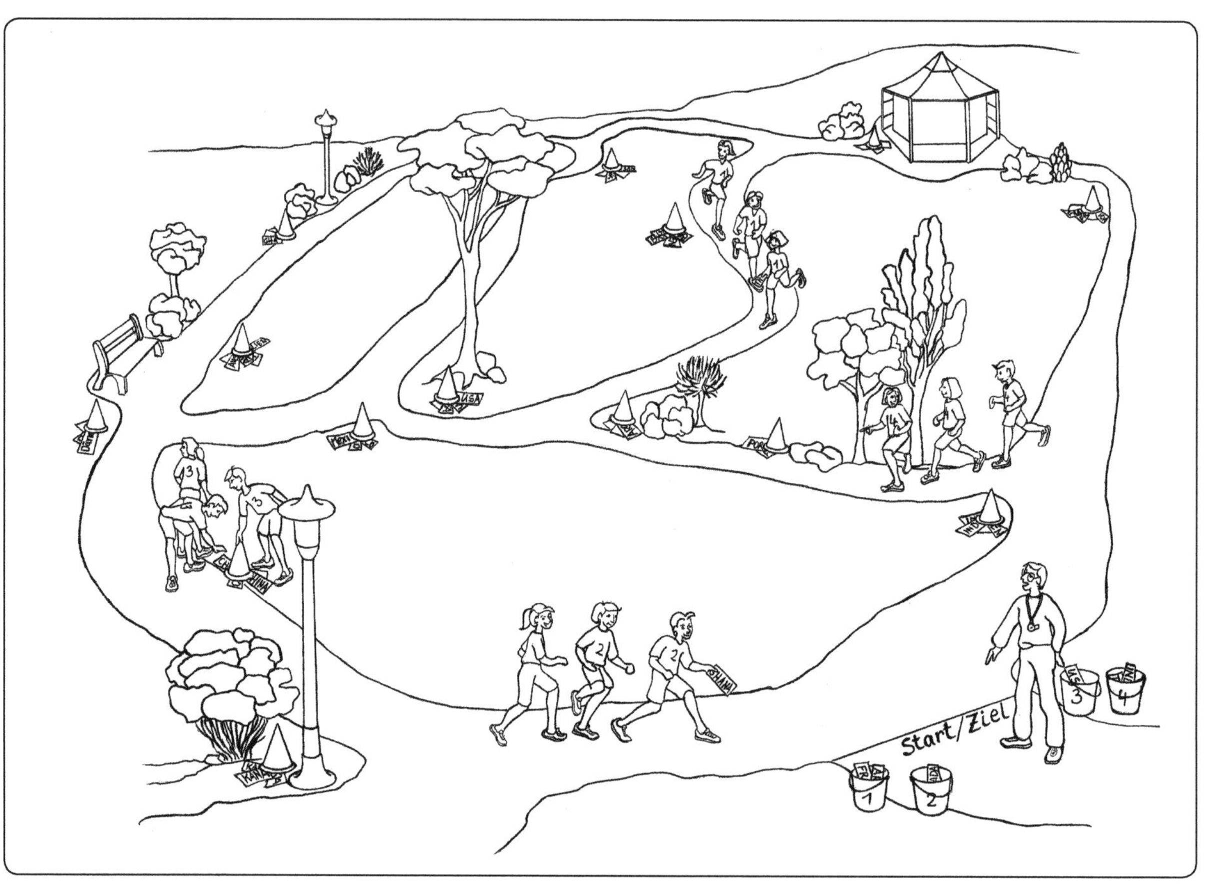

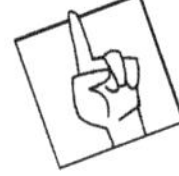

Das Spiel kann selbstverständlich auch auf dem Sportplatz oder in der Sporthalle gespielt werden.

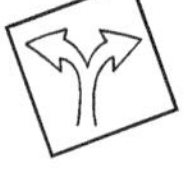

Nach der zweiten Reise dürfen leistungsschwächere Schüler für die Dauer einer Reise am Ausgangspunkt pausieren.

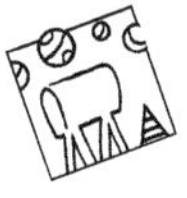

Pylonen, Stifte, Länderkarten (Vorlage im Anhang S. 58),
Reisepläne (Vorlage im Anhang S. 57)

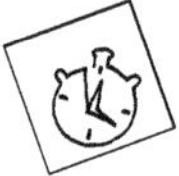

10–20 Minuten

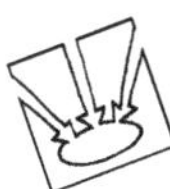

Wettkampf-/Intervallmethode – Grundlagen-/Schnellkraftausdauer – Einzel-/ Gruppenarbeit

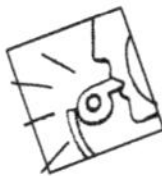

Die Schüler werden in Dreier- bis Fünfergruppen eingeteilt. Jede Gruppe entscheidet bei jedem Lauf selbst, wie viele Schüler laufen oder wer pausiert und am Ausgangspunkt schon an der Zusammensetzung des Puzzles arbeitet. Die Läufer müssen mit einem Gymnastikreifen in den Händen gemeinsam zu den einzelnen Puzzleteilen auf der gegenüberliegenden Seite des Feldes laufen. Damit die Bewegungszeit bei allen Teilnehmern hoch ist und möglichst viele im Laufrhythmus bleiben, darf nie ein Schüler allein mit dem Gymnastikreifen unterwegs sein.
Jeder Läufer darf je ein Puzzleteil mitnehmen. An der Ausgangsposition wird das Puzzle zusammengesetzt. Die Mannschaft, die ihr Puzzle zuerst vervollständigt hat, gewinnt den Lauf. Die Distanz bei dieser Übung zwischen Ausgangspunkt und Puzzleteilen sollte eher größer gewählt werden, damit die Schüler nicht zum Sprinten kommen und sich über längere Zeit ihre Kräfte auf die zu laufende Distanz einteilen.

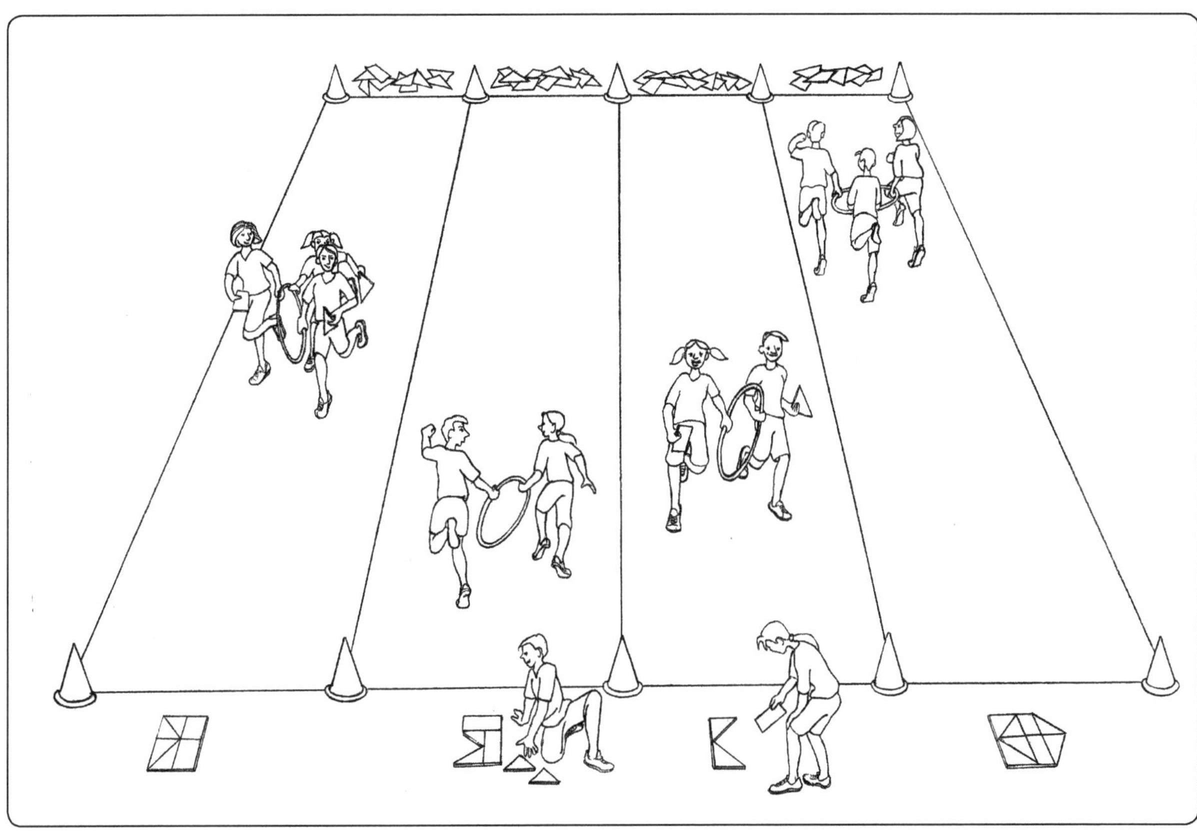

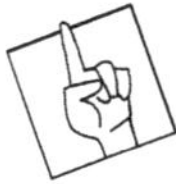

Im Außengelände sollte die Distanz so verlängert werden, dass ein Training der Langzeitausdauer möglich ist. Erkrankte oder verletzte Schüler können dem Lehrer bei der Kontrolle helfen.

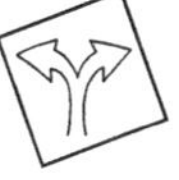

Um leistungsschwächere Schüler zu motivieren, sollte man die Gruppen selbst einteilen und stets stärkere Läufer mit langsameren Läufern in einer Gruppe mischen. Da die Schüler selbst entscheiden können, wie oft und ob sie laufen, kann jeder Läufer dem Team individuell helfen und seine Stärken einbringen.

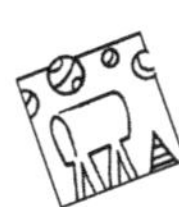

Pylonen, Gymnastikreifen, Puzzle

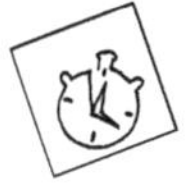

10–20 Minuten

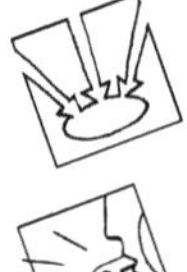

Wettkampfmethode – Grundlagen-/Kraftausdauer – Einzel-/Partnerarbeit

Diese Kombination aus ausdauerndem Laufen und Zielwerfen ist wohl die bekannteste Spielform der Ausdauerschulung. Der Wettkampfcharakter des Biathlons bildet hierbei eine hohe Motivation für die Schüler.
Bevor der Biathlonwettkampf beginnt, sollten die einzelnen Wurfstationen einmal in Partnerarbeit geübt werden. Jedes Paar stoppt seine Zeit mit einer Stoppuhr in Freiarbeit selbst und notiert die Endzeit und alle Treffer auf einem Arbeitsbogen. Während ein Schüler den Wettkampf absolviert, ist der Partner für das Einsammeln der Bälle und Aufstellen der Hütchen verantwortlich.
Jeder Schüler läuft eine Runde, kehrt zur Ausgangsstation zurück und wirft anschließend in fünf Versuchen auf fünf Pylonen. Jeder Fehlversuch bedeutet je eine Strafrunde. Diese wird von der eigenen Wurfstation angelaufen und am Ende der Strafrunden über diese auch wieder in die Laufstrecke verlassen. Es werden zwei Wurfdurchgänge im Liegen und zwei im Stehen durchgeführt. Nach dem letzten Wurf und möglichen Strafrunden muss nur noch eine letzte Runde bis zum Ziel an der eigenen Ausgangsstation gelaufen werden.

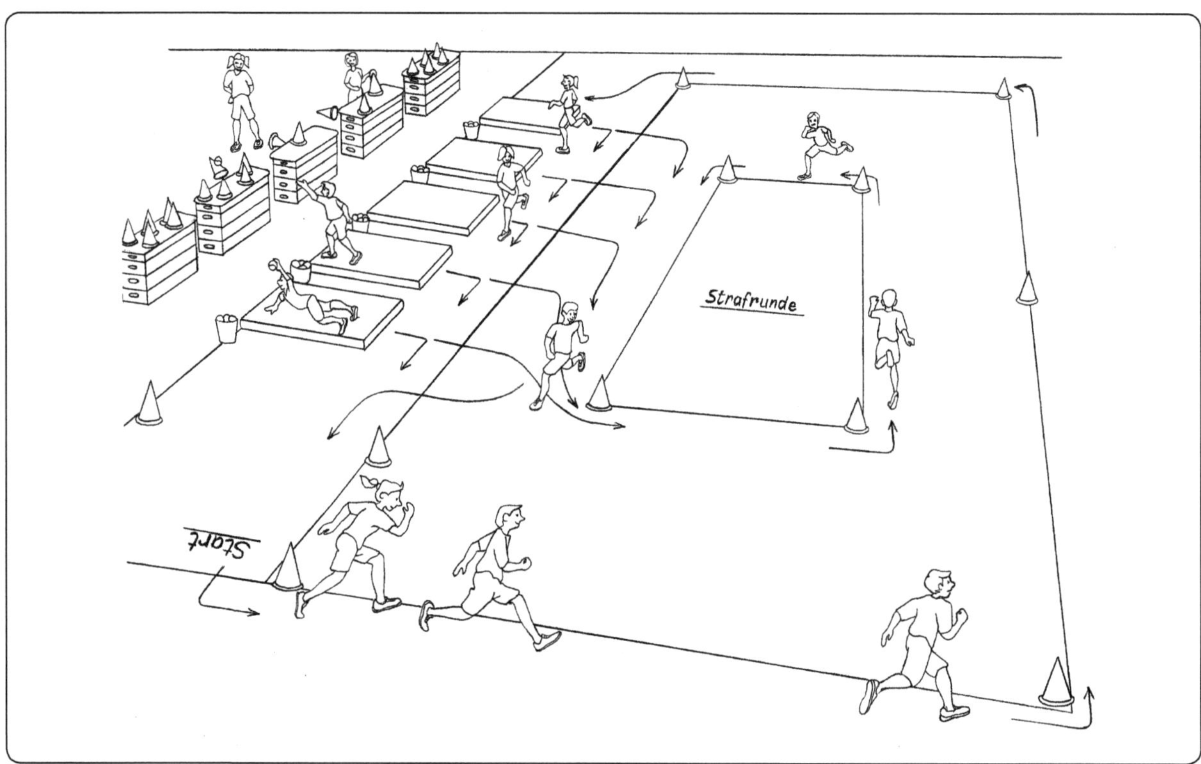

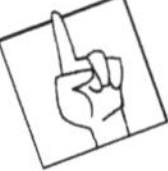

Der Wettbewerb kann auch von einem gemeinsamen Start und Ziel ausgeführt werden. Eine Teamstaffel mit drei bis vier Schülern pro Gruppe ist ebenfalls möglich. Falls keine Eimer für die Tennisbälle zur Verfügung stehen, können auch kleine umgedrehte Kästen verwendet werden.

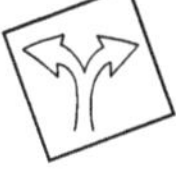

Um leistungsschwächere Schüler zu motivieren, sollte man die Einteilung der Pärchen selbst vornehmen und stets einem stärkeren Läufer einen langsameren Läufer zuteilen.

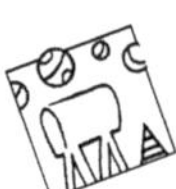

Pylonen, Matten, große Kästen oder Tische, Tennisbälle, Eimer für die Bälle, Nummernschilder, Stoppuhren, Arbeitsbogen (Vorlage im Anhang S. 65)

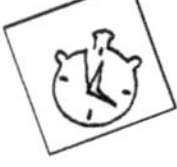

25–35 Minuten

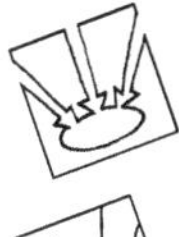

Intervallmethode – Grundlagenausdauer – Einzel-/Partnerarbeit

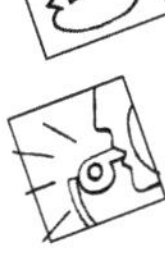

Der erste Orientierungslauf findet innerhalb der Sporthalle statt. Der Parcours für den Lauf wird dabei von der Lehrkraft zusammengestellt. Seine Bestandteile hängen von den zur Verfügung stehenden Geräten ab: Kästen, Barren, Matten oder Pylonen können als Aufbauten für Berge, Häuser oder Hindernisse dienen. Vorab muss dazu ein übersichtlicher Aufbauplan erstellt werden.
Für den Orientierungslauf selbst werden Paare gebildet, die einen Laufplan mit der Abbildung des gesamten Parcours erhalten. Dabei ist ein zentraler Orientierungspunkt sehr wichtig. In der ersten Runde laufen die Schüler hintereinander durch den Parcours, wobei ein Läufer den Weg vorgibt. Ist das Pärchen wieder am Ausgangspunkt angelangt, muss der jeweils andere Läufer nun vorweg denselben Weg mithilfe der Karte ablaufen. Ob die Route korrekt war, wird am Ende der Runde gemeinsam kontrolliert. Der Start-Zielpunkt liegt immer zwischen zwei Bänken, die einander am Beginn des Parcours gegenüberstehen. Diese Übung wird mehrmals wiederholt (ca. 5 Minuten).
Bei der zweiten Runde verteilt ein Läufer im Parcours Spielkarten (z. B. vier Könige). Dabei sitzt der Partner mit dem Gesicht zur Wand auf den Bänken am Start-Zielpunkt. Im Anschluss zeigt der erste Läufer dem Partner auf der Karte die vier Punkte, an denen die Spielkarten liegen. Diese müssen nun ohne Karte wieder eingesammelt werden. Danach wird getauscht. Diese Übung wird mehrmals wiederholt und kann beliebig mit zusätzlichen Karten (z. B. vier Könige, Damen und Asse) erweitert werden. Die Karten können außerdem verdeckt im Parcours verteilt werden.

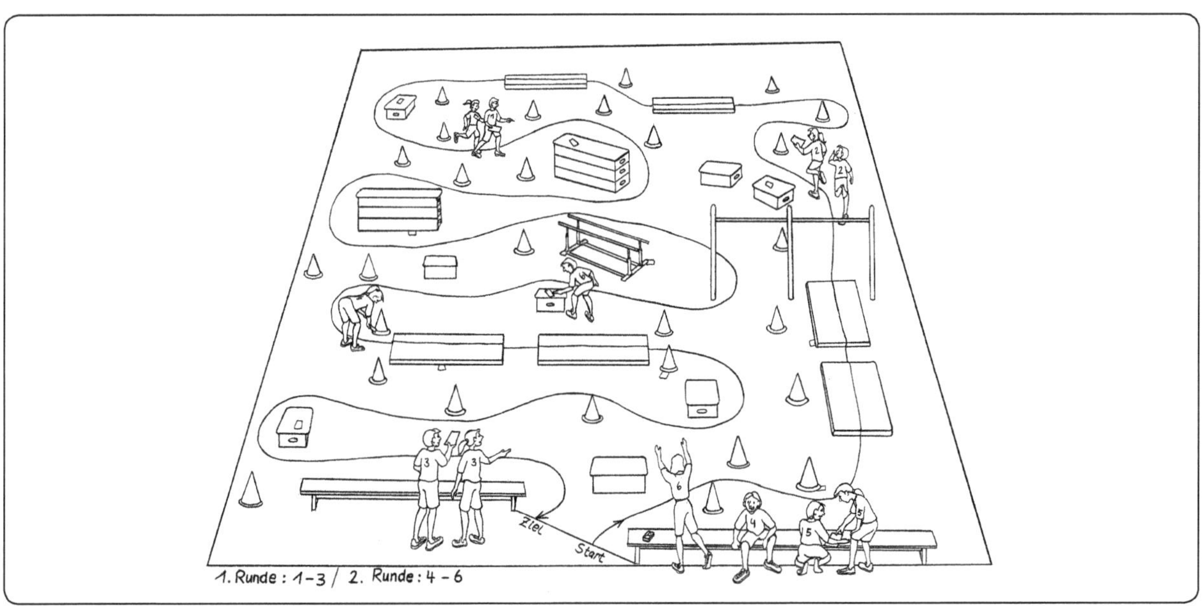

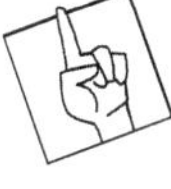

Der Aufbau in der oberen Zeichnung dient nur als Beispiel, da jede Halle andere Bedingungen bietet. Die Geräte im Parcours dürfen aus Sicherheitsgründen nicht betreten, sondern nur umlaufen werden.

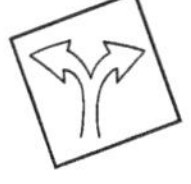

Schüler, die Probleme bei der Orientierung haben, dürfen sich anfangs bei den Aufgaben von einem Partner helfen lassen.

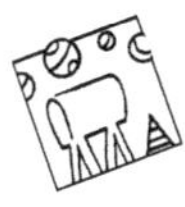

Aufbau-/Laufpläne, Kartenspiele

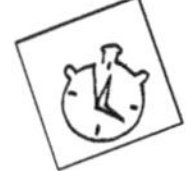

15–25 Minuten

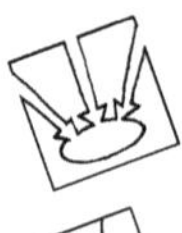

Intervallmethode – Grundlagen-/Langzeitausdauer – Gruppenarbeit

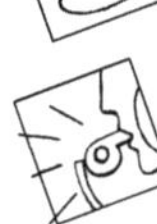

Diese Übung bietet eine erste Orientierung im Gelände. Sie findet im Außengelände der Schule (Stadion, Schulwald etc.) statt. Die Schüler laufen in Gruppen (vier bis sechs Schüler pro Gruppe) und erhalten je einen Fahrplan. Wichtig ist es, möglichst homogene Gruppen in Bezug auf die Leistung zu bilden. Nur so kann jeder Schüler ein Tempo laufen, durch das die Ausdauerfähigkeit trainiert wird. An einem zentralen Punkt, dem „Busbahnhof", starten die Teams ihre jeweilige „Fahrstrecke". Bei dem Lauf müssen sich alle an die Reihenfolge des Fahrplans halten. Gut zu erkennende Haltestellen (Fußballtore, Laternen, Gebäude, Bäume etc.) werden durch laminierte Schilder gekennzeichnet. Gruppen, die in den „Busbahnhof" zurückkommen, tauschen dann mit anderen ihre Fahrpläne und laufen nach einer kurzen Pause (maximal 1–2 Minuten) erneut los.

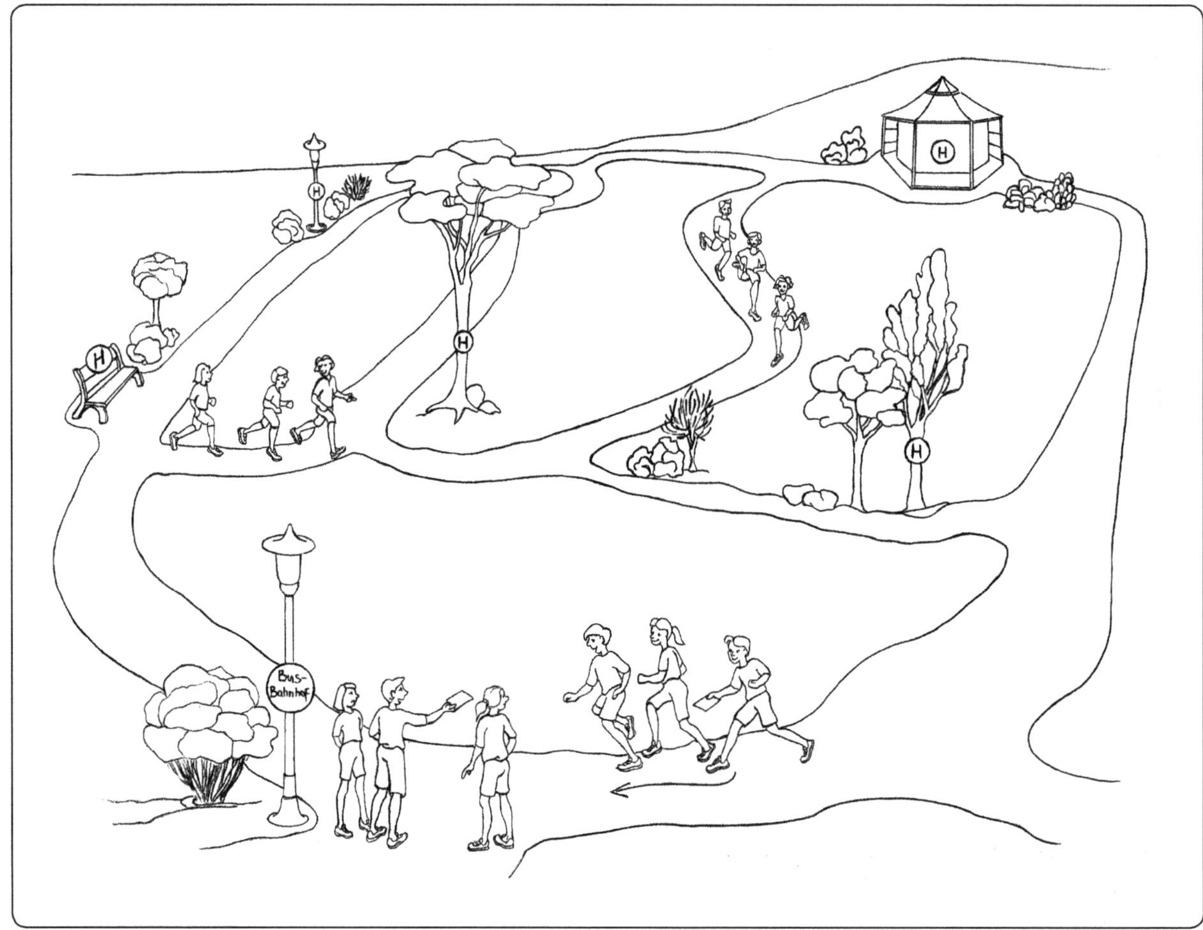

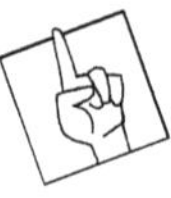

Zu Beginn eignet sich ein gemeinsamer Lauf mit der ganzen Klasse durch die Strecke, um ein erstes Streckengefühl herzustellen. Hier sollen die Schüler verstärkt auf ihr Tempo bei dem Dauerlauf achten, sodass sie „laufen, ohne zu schnaufen". Weiterhin sollten die Schüler darauf hingewiesen werden, dass sie über die ganze Sohle abrollen sollen.

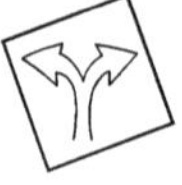

Leistungsschwächere Schüler können zwischendurch eine Runde aussetzen oder dürfen auf der Strecke eine Haltestelle auslassen und früher zum „Busbahnhof" zurückkehren.

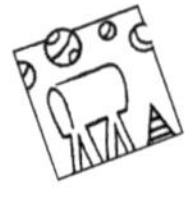

Markierungsstangen oder Pylonen, Fahrpläne (Vorlage im Anhang S. 66)

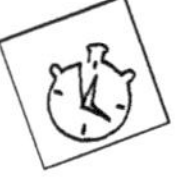

15–20 Minuten

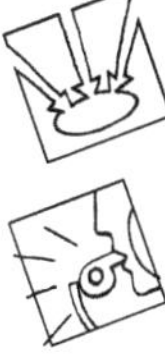

Dauermethode – Langzeitausdauer – Einzelarbeit

Am Ende einer Unterrichtseinheit zum Thema „Ausdauer" sollte in den jüngeren Jahrgängen immer ein Abschlusslauf stattfinden. Dabei geht es nicht um die Länge einer zu laufenden Strecke mit maximaler Entfernung, sondern um das Laufen im Wohlfühltempo über eine möglichst lange Zeit. Hierauf sollten die Schüler vorab hingewiesen werden, um Gehzeiten oder gar Pausen zu verhindern. Die Faustformel, dass das eigene Alter in Minuten durchgängig gelaufen wird, dient dabei als grobe Orientierung und wird bestenfalls übertroffen.

Im Alter unter 10 Jahren sollte ein gleichmäßiger Lauf über 10 Minuten und für 10- bis 14-jährige Schüler ein Ausdauerlauf über 15 Minuten als Ziel festgelegt werden. Diese Zeiten sind gleichbedeutend mit der ersten Stufe des Laufabzeichens des Deutschen Leichtathletik-Verbandes (s. Übung 48).

Der Testlauf findet ohne festgelegte Strecke statt. Es werden nur Eckpunkte des Laufareals abgesteckt. Die Schüler können sich dann innerhalb dieses Lauffeldes frei bewegen. Dadurch rückt das Ziel der Gesamtlaufzeit in den Vordergrund.

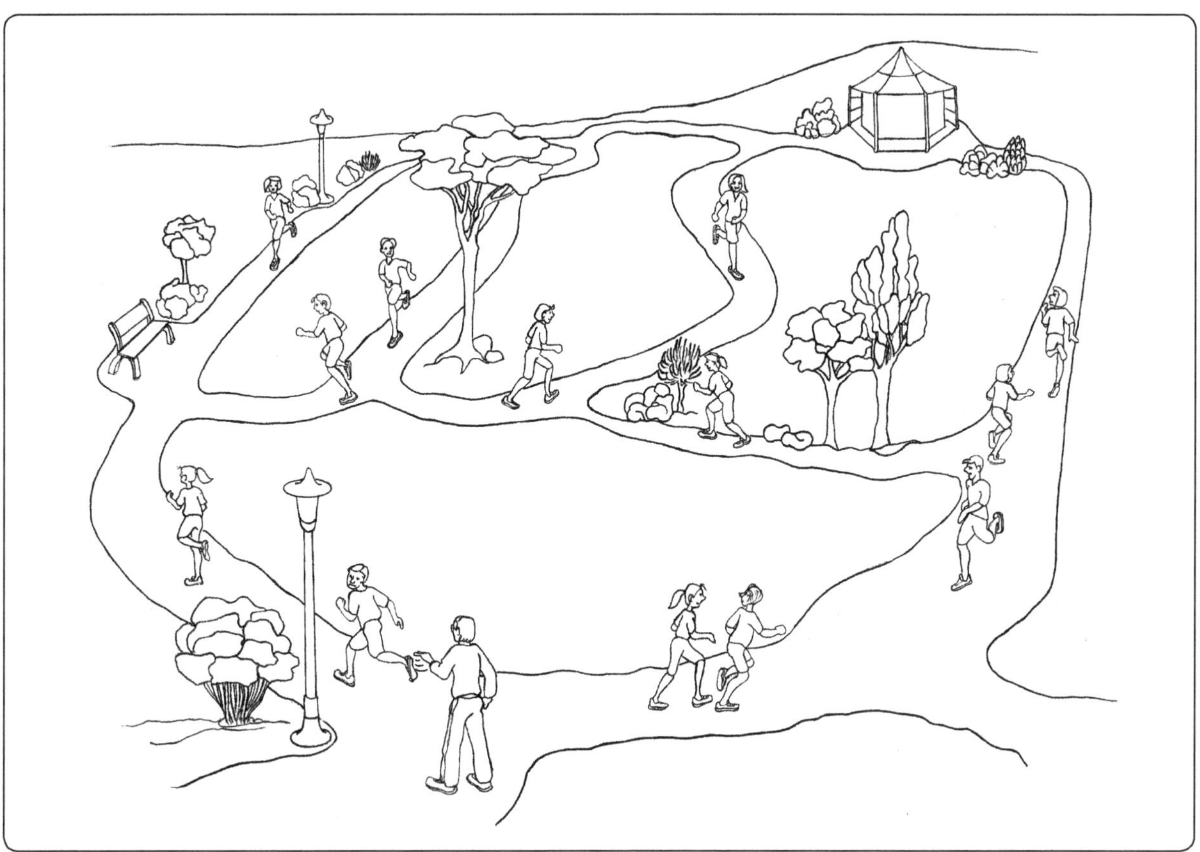

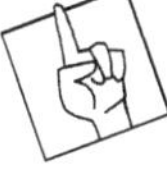

Die Lehrkraft sollte den Testlauf bei Schülern, die Schwierigkeiten mit ihrer Ausdauerleistung haben, zum gezielten Feedback und zur Motivation nutzen. Schüler, die dazu neigen, zu schnell zu laufen und zu ambitioniert zu sein, müssen selbstverständlich etwas gebremst werden.

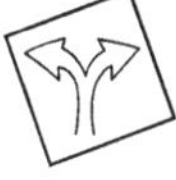

Leistungsschwächeren Schülern könnte ein Laufpartner helfen, um länger durchzuhalten und das Tempo besser zu dosieren.

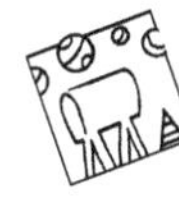

Pylonen, Stoppuhr

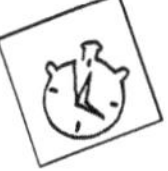

15 –20 Minuten

Intervallmethode – Grundlagen-/Kraftausdauer – Einzel-/Partnerarbeit

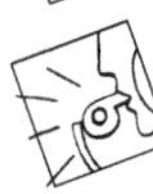

In den Jahrgangsstufen 7 und 8 sollten die Übungen des Lauf-ABCs aus dem ersten Kapitel wiederholt und gefestigt werden. Als Erwärmung oder Übung können einzelne Bereiche von leistungsstarken Schülern angeleitet werden, sodass die Lehrkraft die Beobachterrolle einnehmen kann, um gezielt Feedback zu geben.
Der zweite Teil des Lauf-ABCs enthält schwierigere technische und koordinative Elemente, die sowohl für die Laufbahn bzw. eine Rasenfläche als auch für die Sporthalle geeignet sind. Jede Übung wird drei- bis viermal auf einer kurzen Strecke zwischen 10 und 20 m wiederholt, wobei die Übung auf dem Hinweg absolviert und auf dem Rückweg locker zurückgetrabt wird.

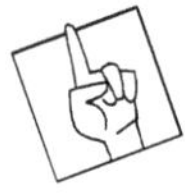

Die Beobachtungen und das Feedback der Lehrkraft sollten sich auf folgende Bereiche konzentrieren:

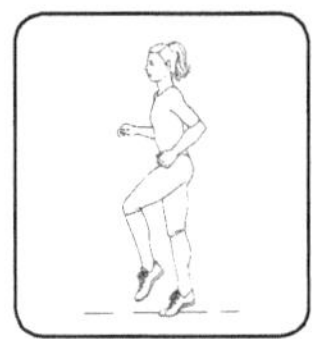

Fußgelenksarbeit/Skipping
1. Abrollen des Fußes fast auf der Stelle
2. aktiver Fußaufsatz beim Abstoß
3. kurze Streckung/kurzes aktives Anheben des Knies (nur Skipping)
4. aktiver Armeinsatz mit hoher Frequenz

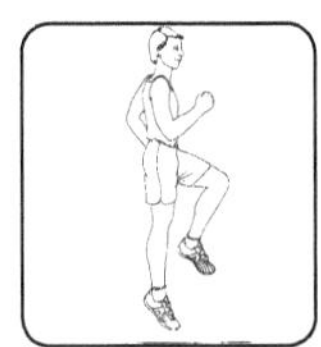

Wechselsprünge
1. hohe Frequenz fast auf der Stelle
2. aufrechter Oberkörper mit Blick nach vorn
3. explosiver Armeinsatz (Rhythmus)
4. explosiver Abstoßimpuls aus dem Fußgelenk

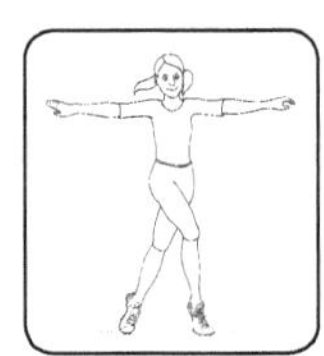

Über Kreuz laufen
1. seitliche Fortbewegung
2. ein Bein wird abwechselnd vor/hinter dem zweiten vorbeigeführt und überholt es so über Kreuz
3. Arme schwingen gegen die Überkreuzbewegung der Beine
4. leichte Verdrehung der Schulter-/Beckenachse

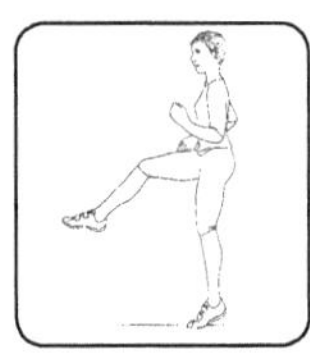

Storchengang
1. im Anschluss an den Kniehub wird das Bein vorgekickt
2. aktiver Armeinsatz (Rhythmus)
3. aktives Abstoßen und Aufsetzen des Fußes
4. Körper aufrecht – keine Rücklage!

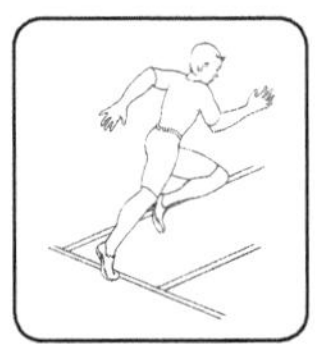

Trommelsprint
1. aufrechter Oberkörper leicht nach vorn gebeugt
2. bei Startsignal Sprint auf der Stelle (hohe Frequenz)
3. aktive Arme
4. bei zweitem Signal Kurzsprint über 10–20 m

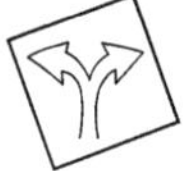

Schüler, die die Techniken schnell beherrschen oder Erfahrungen aus der Leichtathletik mitbringen, können die Übungen anleiten oder anderen helfen.

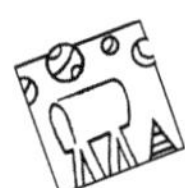

Pylonen

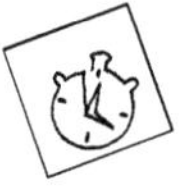

10–15 Minuten

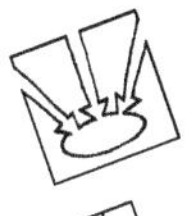

Intervallmethode – alle Ausdauerformen – Einzel-/Partnerarbeit

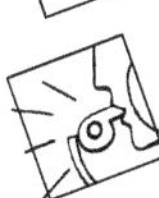

Neben dem Erlernen des „Wohlfühltempos" mit der Formel „Laufen, ohne zu schnaufen!" ist das Messen des eigenen Pulsschlages eine weitere wichtige Körpererfahrung und Sensibilisierung bei dem Ausdauertraining mit Schülern. Die Sauerstoffversorgung der Muskulatur wird durch unser Herz reguliert. Dabei wird Blut durch unser Herz-Kreislauf-System zur Verbrennung des Sauerstoffs gepumpt. Ist die Belastung hoch, steigen folglich die Herzfrequenz und der Pulsschlag. Die maximale Herzfrequenz lässt sich grob berechnen. Dabei wird das eigene Lebensalter von ca. 210–220 Schlägen in der Minute abgezogen. Für den Sportunterricht sind drei Belastungszonen für verschiedene Trainingsbereiche von Bedeutung:

1. 50–70 % der maximalen Herzfrequenz sind die unterste zu erreichende Belastung im Gesundheitssport für untrainierte Schüler und dienen eher der Fettverbrennung.
2. Grundlagen- und Langzeitausdauer werden aerob mit einer Belastung von 70–80 % erreicht.
3. Kraft- und Schnellkraftausdauer trainiert man, wenn der Körper kurzzeitig im anaeroben Bereich bei 80–90 % der maximalen Herzfrequenz belastet wird.

Der Pulsschlag wird zunächst vor der ersten Belastung im Ruhezustand gemessen und notiert. Danach leitet die Lehrkraft als Tempomacher verschiedene Läufe vom leichten Traben bis schnellerem Laufen (s. Übungen 2 und 33) an. Die Belastungszeit variiert dabei zwischen 2 und 3 Minuten. Anschließend werden Belastungs- und Erholungspuls gemessen und notiert.

Ruhepuls
Der Ruhepuls sollte im Allgemeinen bei etwa 60–90 Schlägen in der Minute liegen. Bei gut trainierten Sportlern ist dieser deutlich niedriger.

Belastungspuls
Der Belastungspuls wird direkt nach jeder Übung gemessen. Die unterste Schwelle für ein erfolgreiches Training in Bezug auf Fettverbrennung oder einer Leistungsverbesserung beträgt ca. 130 Schläge in der Minute. Eine Faustformel für die obere Grenzschwelle: 180 Schläge minus Lebensalter. Bei Erwachsenen ist dieser Wert im Alter niedriger und bei gut trainierten Sportlern deutlich höher (ca. 200–220 Schläge in der Minute).

Erholungspuls
Dieser wird ca. eine Minute nach der Belastung und dem Messen des Belastungspulses gemessen und sollte 30–40 Schläge geringer als dieser ausfallen.

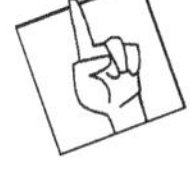

Messtechniken
Zunächst sollte die richtige Technik der Pulsmessung mit den Schülern geübt und der Ruhepuls festgestellt werden. Als Messpunkte dienen hier die Halsschlagader oder das Handgelenk.
Falls Schüler zu Hause Pulsuhren und -gürtel haben, sollen sie diese mitbringen und für die Übungen nutzen. Einige Sportvereine und Lauftreffs verleihen außerdem Pulsuhren kostenlos oder gegen eine geringe Gebühr.

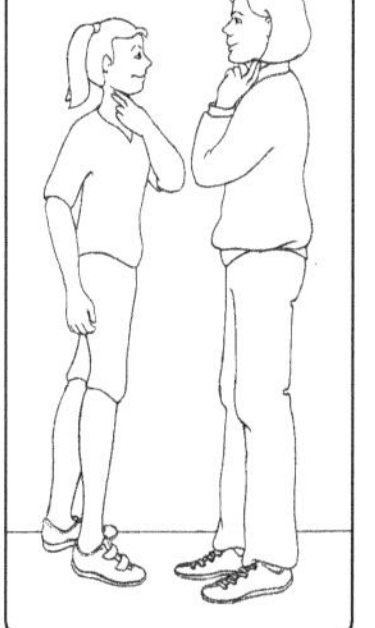

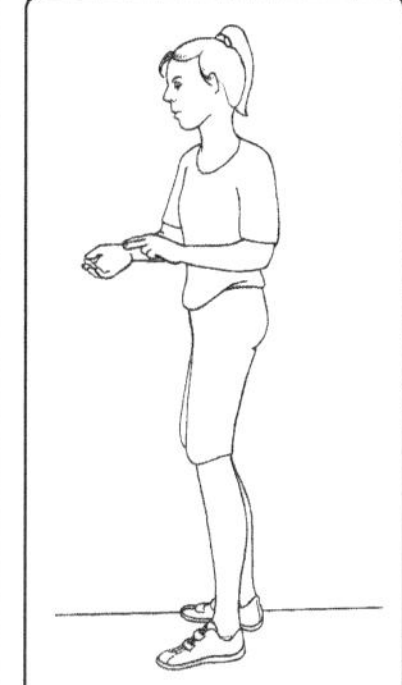

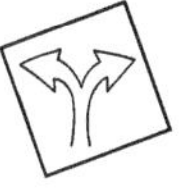

Die einzelnen Läufe können auch von einzelnen Schülern als Tempomacher angeführt werden. Im späteren Verlauf der Übung sollte man die Klasse in kleinere Gruppen aufteilen. Hier können dann Gruppen mit ähnlicher Pulsfrequenz zusammenlaufen.

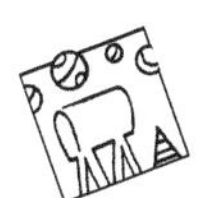

Pulsuhren

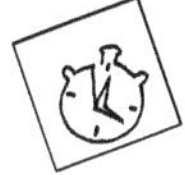

25–30 Minuten

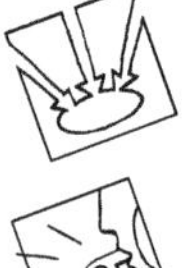

Intervallmethode – Grundlagen-/Langzeitausdauer – Einzelarbeit

Alle Schüler verteilen sich auf drei Bahnen im Rechteck, deren Eckpunkte durch Pylonen abgesteckt wurden. Das innere Rechteck sollte einen Umfang von etwa 40 m haben (2 × 12,5 m und 2 × 7,5 m). Jede zusätzliche Außenbahn reicht 2,5 m weiter nach außen, wodurch die Strecke pro Bahn jeweils um 10 m verlängert wird.
Jeder Schüler startet in den einzelnen Durchgängen immer in einer anderen Bahn von einem individuell gewählten Punkt aus. Dieser dient als Orientierung für das Lauftempo, welches gleichmäßig gehalten werden soll. Eine Runde soll dabei in 20 Sekunden absolviert werden, sodass das Tempo angehoben werden muss, je weiter die Schüler auf die Außenbahnen wechseln. Hierfür ertönt in Intervallen ein Signal (CD oder Pfiff). Pro Durchgang mit mehreren Runden sollten insgesamt 4 Minuten eingeplant werden. Am Ende kann so das ideale Wohlfühltempo ermittelt und auf einen Kilometer umgerechnet werden:

20 Sekunden pro gelaufener Runde (50 m) = 6:40 Minuten auf einem Kilometer
20 Sekunden pro gelaufener Runde (60 m) = 5:30 Minuten auf einem Kilometer
20 Sekunden pro gelaufener Runde (70 m) = 4:50 Minuten auf einem Kilometer

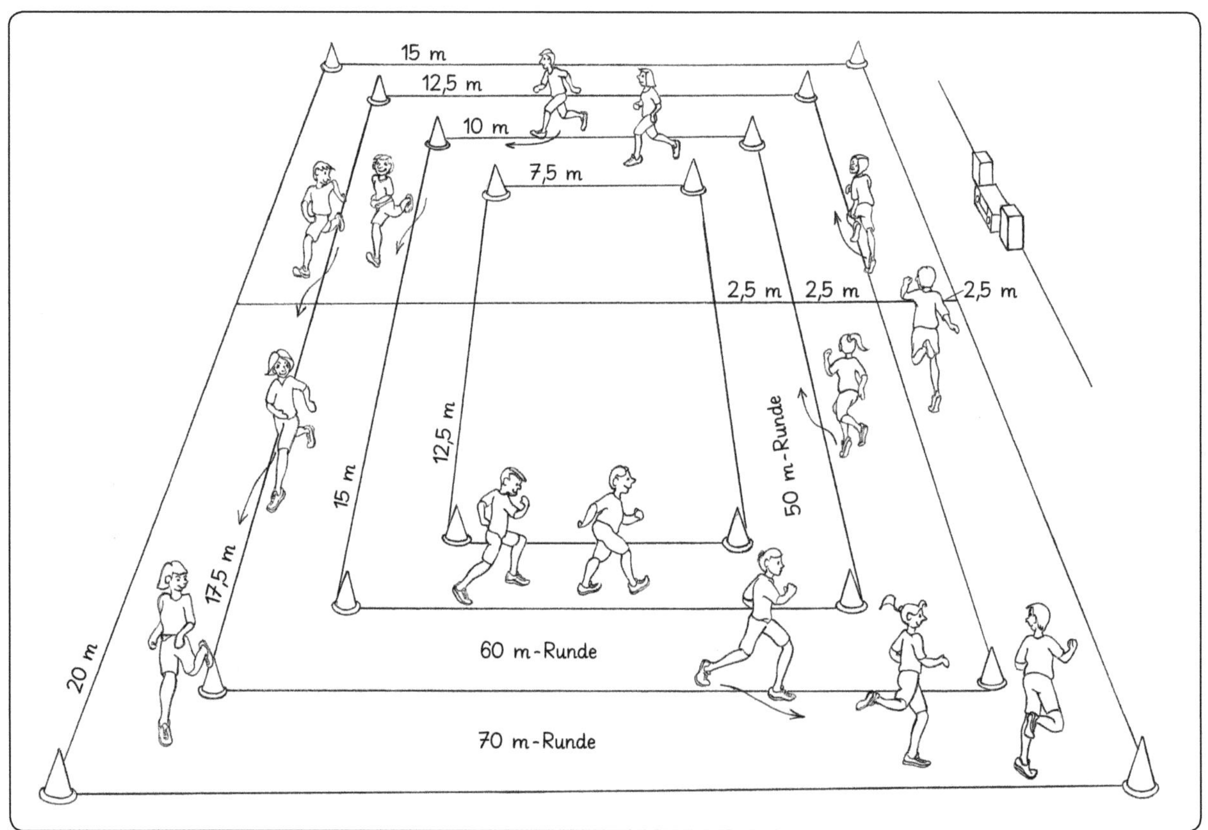

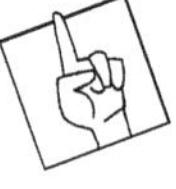

Die anschließende Reflexion sollte das Tempogefühl und die Umsetzung auf eine Langstrecke (1000–3000 m) thematisieren. Die Übung könnte anschließend auf 8 Minuten verlängert werden, wobei die Schüler dann alle 2 Minuten die Bahn wechseln dürfen.

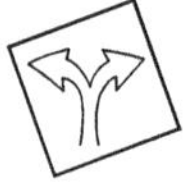

Leistungschwächere Schüler dürfen die gesamte Zeit auf der kurzen Bahn laufen oder während der Übung auf die nächstkürzere Bahn wechseln.

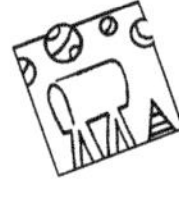

Pylonen, CD mit Signaltönen, Signalpfeife

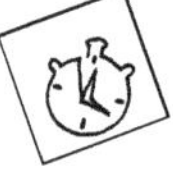

12–15 Minuten

20. Begegnungslauf 7/8

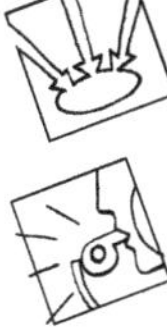

Dauermethode – Grundlagen-/Langzeitausdauer – Einzel-/Partnerarbeit

Der aufgebaute Parcours besteht aus sechs Quadraten, die durch Pylonen gekennzeichnet sind. Alle Schüler laufen gleichzeitig in individuell gewähltem Tempo auf den Linien zwischen den Markierungen. Die Laufstrecke ist ebenfalls frei wählbar, nur Drehungen um 180 Grad und diagonale Verbindungen sind nicht erlaubt. Jedem Schüler wird nun ein Partner zugeteilt, wobei jeder für sich allein laufen soll. Begegnen sich die Pärchen nun im Parcours, haben sie in den einzelnen Durchgängen (2–3 Minuten) verschiedene Aufgaben zu absolvieren:

1. Begrüßung (Abklatschen, Handschlag, kurzes „Hallo!“ etc.)
2. möglichst viele Begegnungen schaffen und diese zählen
3. nur bei Begegnung folgt eine 180-Grad-Drehung
4. bei Begegnung rückwärts weiterlaufen; trifft man sich erneut, geht es vorwärts weiter
5. Wer schafft die wenigsten Begegnungen? (zählen)
6. Zwei Schüler werden zu Fängern (markiert mit Parteibändern). Sie halten sich an den Händen und versuchen auf den Linien, andere Schüler im Parcours frontal einzufangen. Diese werden dann selbst zu Fängern. Ab dem vierten Fänger teilt sich die Kette auf. Eine Variante besteht dabei im Ausschluss von Gefangenen. Diese müssen, nachdem sie gefangen wurden, Runden im Außenfeld laufen, bis eine zweite Fangrunde beginnt.

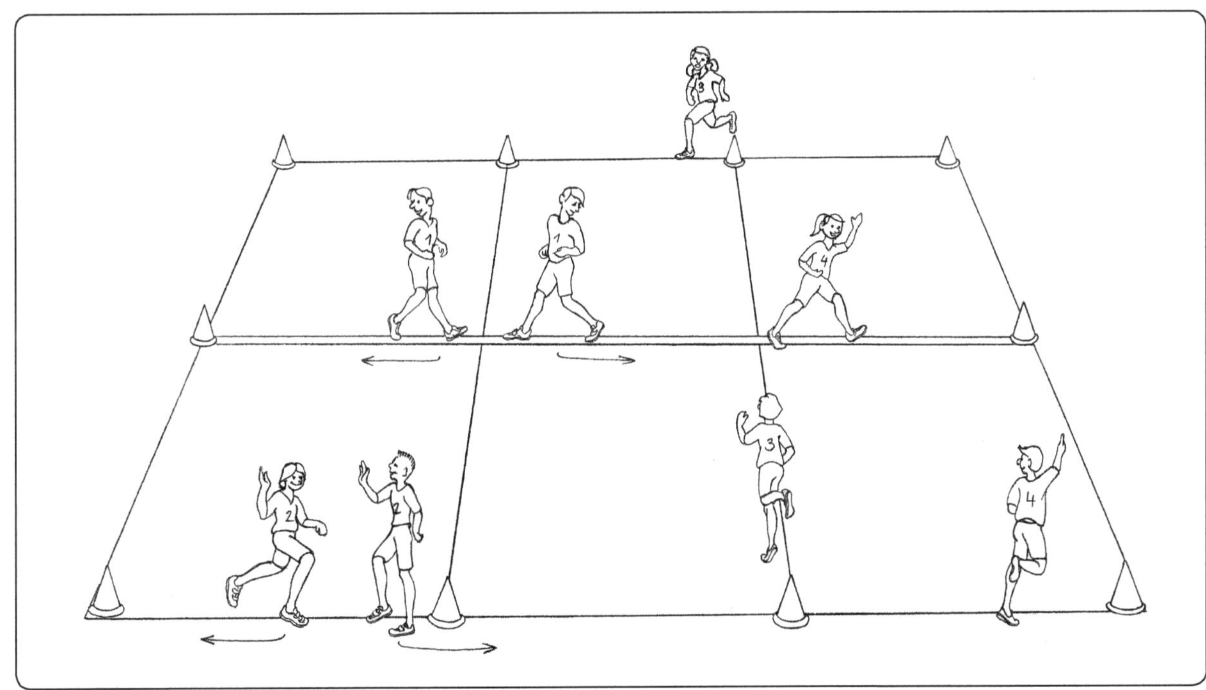

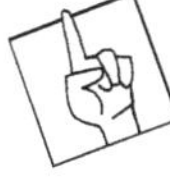

Zur Einführung in den Parcours könnte die Lehrkraft gemeinsam mit der Lerngruppe mögliche Laufwege ablaufen. Die Schüler sollten dringend darauf hingewiesen werden, dass Zusammenstöße zu vermeiden sind. Während der Übung sollten möglichst keine Pausen entstehen: Bei kurzen Ansagen zwischen den einzelnen Durchgängen, können die Schüler langsam weitertraben. Dies erhöht die Gesamtbelastungsdauer.

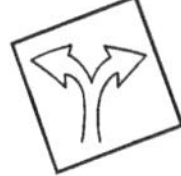

Die Schüler können ihr Lauftempo bei Aufgabe 1 bis 5 frei wählen.

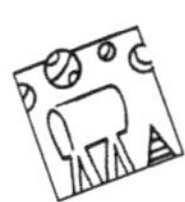

Pylonen

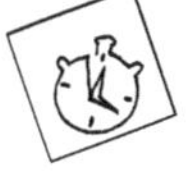

15–25 Minuten

21. Temposchätzlauf 7/8

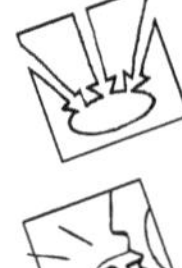

Intervallmethode – Grundlagen-/Kraftausdauer – Einzelarbeit

Das Ziel der Übung besteht darin, das eigene Lauftempo auf die zur Verfügung stehende Zeit einschätzen zu können, um später möglichst viele Runden zu schaffen. Jeder Schüler läuft über eine vorab festgelegte Zeit (z. B. 2, 3 oder 4 Minuten) im gleichmäßigen Dauerlauf (Wohlfühltempo!) so viele Runden (150–200 m) wie möglich.
Nach einer kurzen Pause werden in derselben Zeit Intervalle gelaufen. Die Belastungsvorgaben können hier natürlich variieren. Wird eine z. B. schnelle Runde bei ca. 75 % Belastung (schneller als das Wohlfühltempo) gelaufen, müssen danach zwei bis drei langsamere Runden bei 25 % bis 30 % Belastung (deutlich unter dem Wohlfühltempo) gelaufen werden. Jeder Schüler soll seine insgesamt gelaufenen Runden bei beiden Methoden mitzählen, um später einen Vergleich zu haben.
Im Anschluss werden die Unterschiede zwischen dem gleichmäßigen Lauf und dem Intervalllauf in Bezug auf Belastung und der zu schaffenden Runden innerhalb des Zeitlimits besprochen.

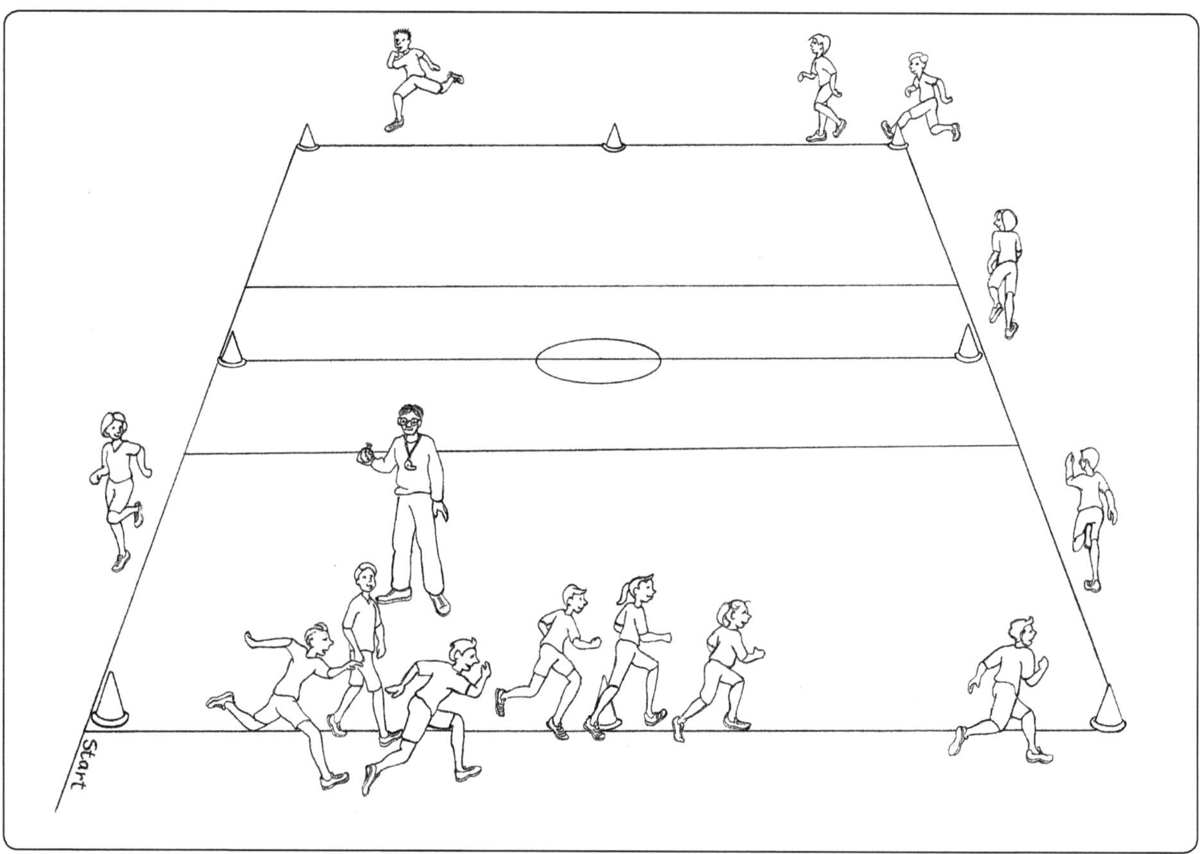

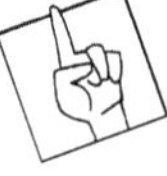

Die Übung kann selbstverständlich auf 5–6 Minuten pro Durchgang erweitert werden. Nach einer ersten Reflexion sollte ein zweiter Durchlauf mit Dauerlauf und anschließend mit Intervallbelastung durchgeführt werden. Die Schüler können die gewonnen Erkenntnisse nun anwenden.

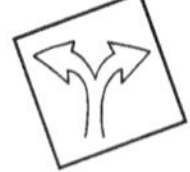

Nach einer schnellen Runde dürfen leistungsschwächere Schüler ein bis zwei Runden gehen.

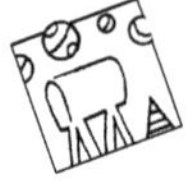

Pylonen, Stoppuhr

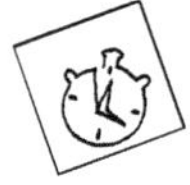

10–20 Minuten

22. Laufschleife 7/8

Dauermethode – Grundlagen-/Langzeitausdauer – Einzel-/Partner-/Gruppenarbeit

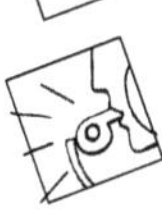

Bei dieser Übung steht erneut das Erlernen eines Tempo- und Zeitgefühls im Vordergrund. In einer abhängig vom Alter der Schüler und Leistungsstärke der Klasse gewählten Zeitspanne von 7 bis 10 Minuten wird in einem individuellen Tempo auf der Laufstrecke in Form einer Acht gelaufen. Der Lauf sollte, wenn möglich, im Außengelände stattfinden, da die Laufstrecke nicht zu kurz sein darf.

Die Schüler werden zu Beginn in möglichst homogene Pärchen eingeteilt oder finden sich nach der Vorbesprechung der Aufgabe selbst zusammen. Nach dem Startsignal laufen die Partner jeweils von zwei einander diagonal gegenüberliegenden Hütchen in entgegengesetzter Richtung los, sodass sie sich bei gleichmäßigem Tempo immer in der Mitte treffen. Das Tempo muss folglich aufeinander abgestimmt werden.

Diese Übung kann auch als Gruppenaufgabe (vier bis sechs Schüler pro Gruppe) durchgeführt werden. Dabei läuft die Hälfte der Gruppe jeweils in die entgegengesetzte Richtung.

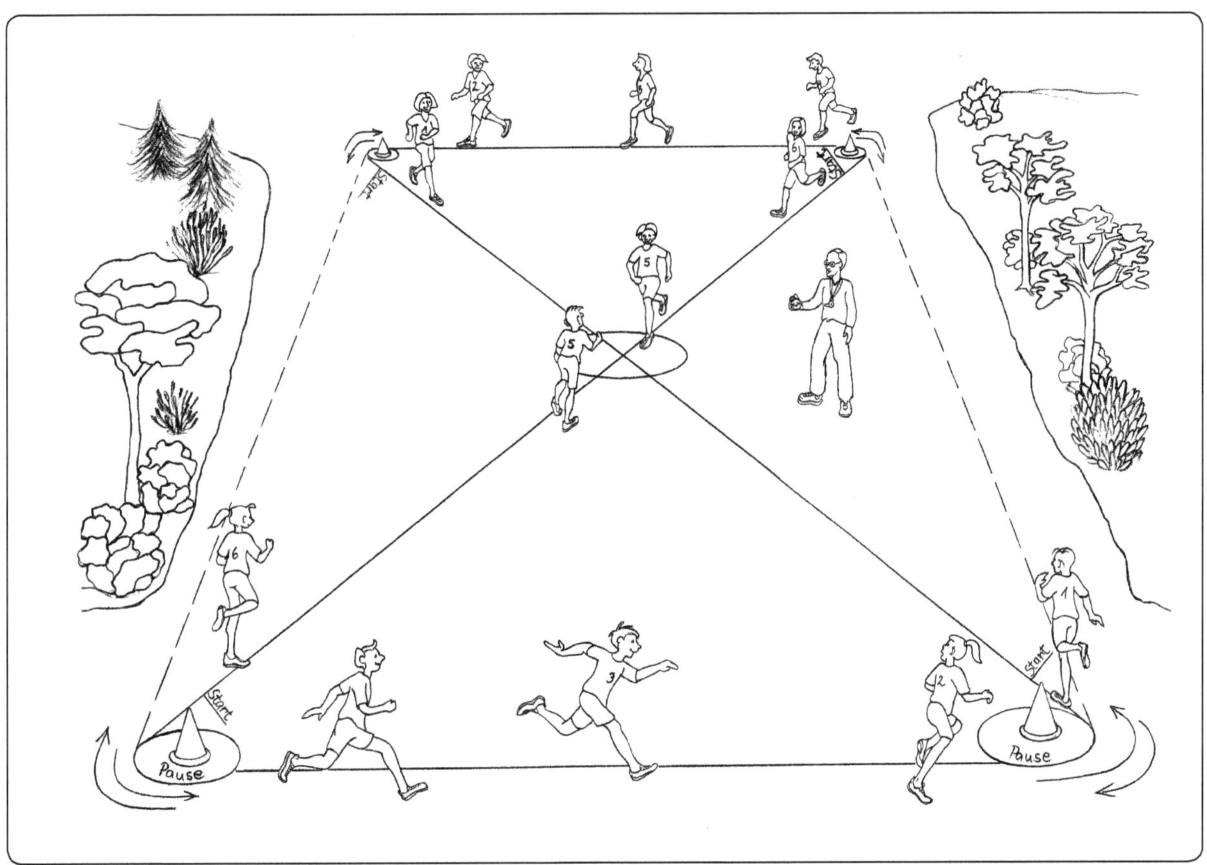

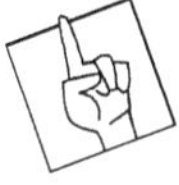

Nach einer kurzen Reflexion sollte ein zweiter Durchgang erfolgen. Die Zusammensetzung der Pärchen kann jetzt aufgrund der Erfahrungen aus dem ersten Durchgang optimiert werden.

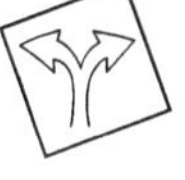

Bei der Gruppenaufgabe bekommen die äußeren vier Pylonen zur Markierung der Acht eine besondere Bedeutung, da man hier eine kurze Pause einlegen kann, indem der jeweilige Schüler diese locker trabend umkreist. Kommt die Laufgruppe erneut am Hütchen vorbei, kann sich der Schüler wieder anschließen.

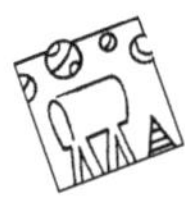

Signalpfeife, Stoppuhr(en), Pylonen

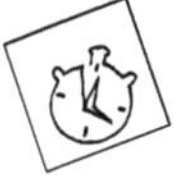

15–20 Minuten

23. Sammellauf 7/8

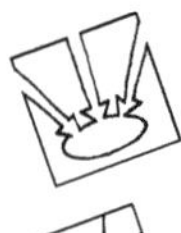

Wettkampfmethode – Grundlagen-/Kraftausdauer – Einzel-/Partnerarbeit

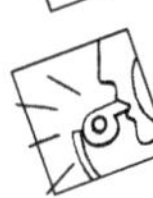

Das Ziel des Laufspiels besteht im Sammeln einer vorab festgelegten Anzahl von Gegenständen, wie z. B. Gummibändern, Zahnstochern etc., welche sich nach der Länge der zu laufenden Runde richtet. Die Pärchen können allein oder gemeinsam laufen, dürfen sich abwechseln sowie zusammen oder unabhängig voneinander Pausen in den dafür vorgesehenen Zonen einlegen. Für jede absolvierte Runde erhält jeder einzelne Läufer einen Gegenstand. Diese werden am Ende mit denen des Partners zusammengezählt.

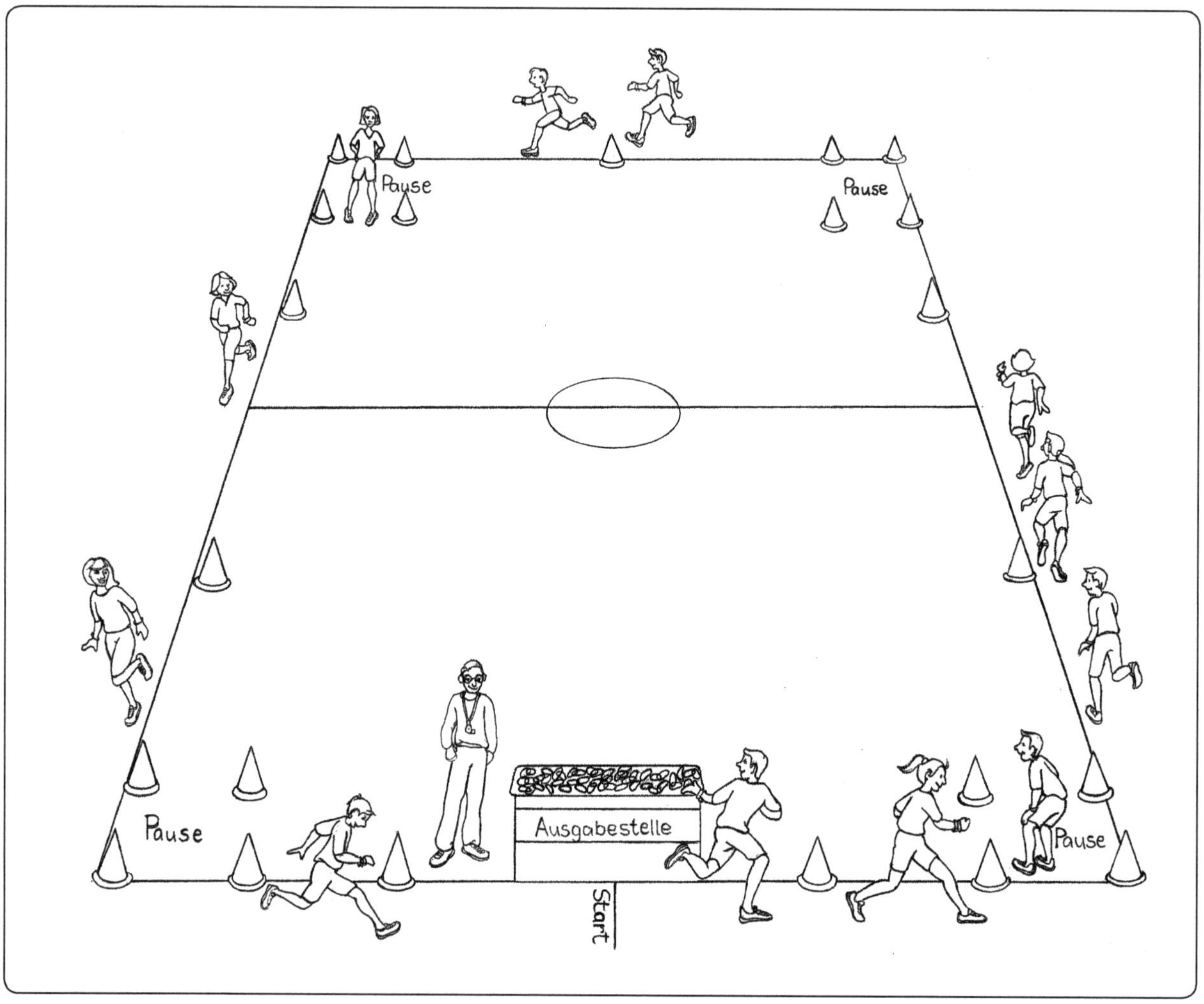

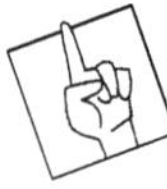

Um die Übersicht behalten zu können, sind eventuell mehrere Positionen zur Ausgabe der Gegenstände einzuplanen. Diese können auch von nicht teilnehmenden Schülern betreut werden. Im Idealfall nehmen sich die Läufer ihre Gummibänder an der Ausgabestelle in jeder Runde auch selbst.
Das Spiel kann auch als Einzel- oder Gruppenwettbewerb, auf der Laufbahn, einer größeren Rasenfläche oder bekannten kleinen Runde im Außengelände durchgeführt werden.

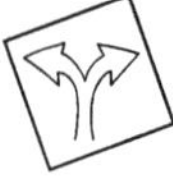

Um leistungsschwache Schüler zu motivieren, sollte die Lehrkraft die Einteilung der Pärchen selbst vornehmen und stets einen langsameren Läufer einem stärkeren Läufer zuteilen.

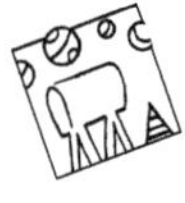

Pylonen, Gegenstände zum Sammeln

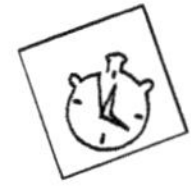

15–20 Minuten

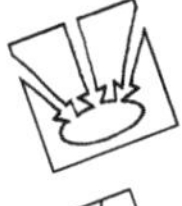

Intervallmethode – Grundlagenausdauer – Einzelarbeit

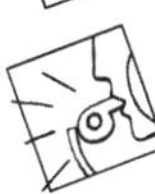

Die Übung kann im Außenbereich und in der Sporthalle durchgeführt werden. Das Volleyball- oder das Handballfeld sind dabei hinsichtlich der notwendigen Größe als Laufstrecke ideal. Auf ein Signal des Lehrers starten die Schüler einzeln an den vier Eckpunkten. Es wird vorab eine Zeit (2, 3 oder 4 Minuten) festgelegt, welche im Wohlfühltempo gelaufen werden soll. Jede fertige Runde wird gezählt, bis nach Ablauf der Zeit ein zweites Signal erfolgt. Nach einer kurzen lohnenden Pause laufen die Schüler in die entgegengesetzte Richtung der Hinrunde. In dieser Rückrunde soll nun versucht werden, dasselbe Tempo zu halten und somit in der gleichen Zeitvorgabe die gleiche Anzahl von Runden bzw. Metern zu laufen. Diese Übung kann mehrmals wiederholt werden.

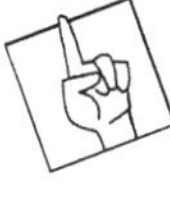

Nach jeder Rückrunde sollte eine kurze Reflexion erfolgen. Wird die Übung auf der Laufbahn absolviert, müssen die gelaufenen Meter gezählt werden. Hierfür sollten die wichtigsten Markierungen bekannt sein. Es ist jedoch auch möglich, alle 50 bis 100 Meter eine Pylone aufzustellen.

Die Zeit für den Rückweg kann verdoppelt werden, wodurch die Schüler lernen, ihr Tempo zu verringern, da die zu laufende Rundenzahl gleich bleibt. Weiterhin ist es möglich, die Schüler auf dem Rückweg erst zu stoppen, wenn sie die gleiche Strecke wie auf dem Hinweg erreicht haben.

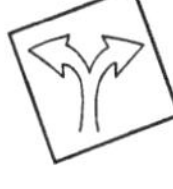

Wenn Schüler Schwierigkeiten haben, ein Tempo zu halten, können sie als Hilfestellung gemeinsam mit einem Partner laufen. Diese Paare sollten jedoch möglichst homogen in der Ausdauerleistung sein.

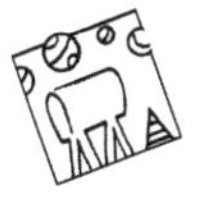

Pylonen, Stoppuhr

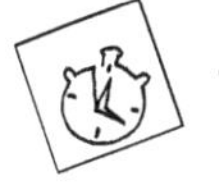

10–15 Minuten

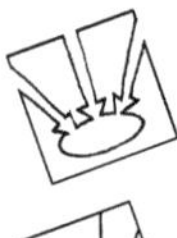

Intervallmethode – Grundlagen-/Kraftausdauer – Einzel-/Gruppenarbeit

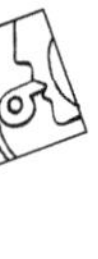

Die Klasse wird in Gruppen von jeweils drei Schülern eingeteilt. Jede Gruppe erhält einen kleinen Kasten als Ausgangspunkt für den Wettkampf. Hier werden auch ein Notizzettel mit den Zahlen von 1 bis 50, der Stift und der Würfel abgelegt. Nachdem der Lehrer ein Startsignal gegeben hat, können die Gruppen anfangen zu würfeln. Ab dem ersten Wurf wird die Augenzahl notiert und jede weitere gewürfelte Zahl addiert. Die gewürfelte Zahl muss dann von einem Mitglied der Gruppe gelaufen werden (Beispiel: Der erste Schüler würfelt eine 4, notiert diese und läuft los. Der nächste Schüler würfelt danach eine 3, addiert diese zu der vorher gewürfelten 4, notiert eine 7 und läuft 3 Runden etc.). Beendet ist ein Durchlauf, wenn eine Gesamtrundenzahl von 50 erreicht wurde. Die Übung wird nach kurzer Pause wiederholt.

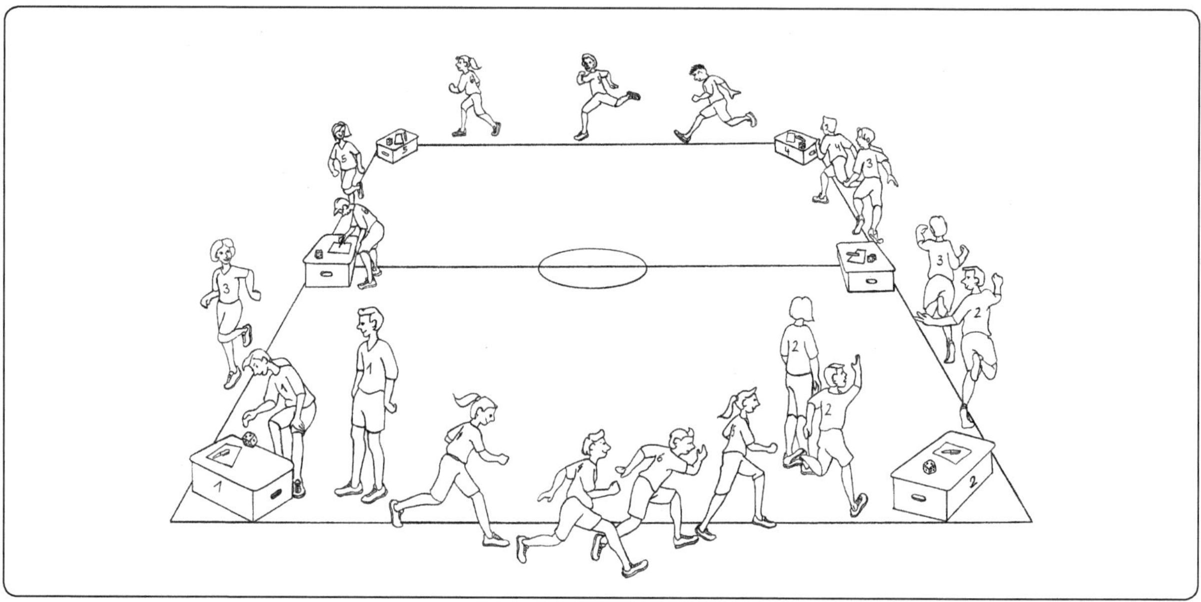

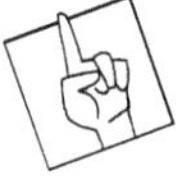

Jede Mannschaft kann in jedem Durchgang auch selbst entscheiden, welcher Läufer viele Runden und welcher weniger läuft. In diesem Fall laufen die Schüler erst los, wenn die ersten drei Würfe erfolgt, addiert und notiert wurden.
Ebenso können die Schüler aber auch eine feste Reihenfolge absprechen und dann als Gruppe starten, wobei jeder die selbst gewürfelte Rundenzahl laufen muss. Folglich sind nach kurzer Zeit alle Schüler in Bewegung.
Kommen die Schüler wieder am Ausgangspunkt an, können sie entweder wieder in der gewählten Verteilung nach drei Würfen starten oder kurz auf die restliche Gruppe warten und wie zuvor den nächsten Durchgang beginnen.
Der Lehrer kann, je nach Größe der Teams oder Höhe der Belastung, die Anzahl der Runden erweitern oder die zu absolvierende Streckenlänge vergrößern. Die Übung eignet sich außerdem gut als Wettkampf. Hier sollte die Höhe der Belastung vorab mit den Schülern geklärt werden, damit niemand seine Grenzen überschreitet.

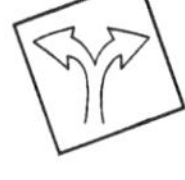

Den Schülern sollte bewusst sein, dass sie ihr Tempo selbst bestimmen können und die jeweilige Rundenzahl in gleichmäßigem Tempo gelaufen oder getrabt werden soll.

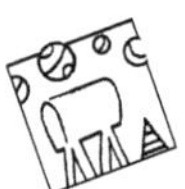

kleine Kästen, Notizzettel (Vorlage im Anhang S. 67), Stifte, Würfel

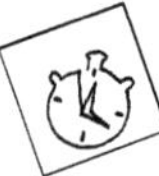

15–20 Minuten

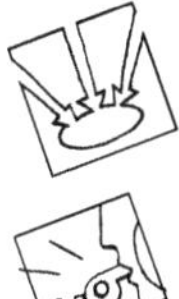

Wettkampf-/Wiederholungsmethode – Schnellkraftausdauer – Gruppenarbeit

Die Schüler werden in Dreier- oder maximal in Vierergruppen eingeteilt, die sich nebeneinander an den durch Pylone markierten Startpunkten aufstellen. Auf der gegenüberliegenden Seite liegen jeweils ein Blatt Papier mit einer Zahlenpyramide sowie ein Würfel und ein Stift. Das Ziel des Spiels ist es, alle Zahlen der Zahlenpyramide so schnell wie möglich zu würfeln bzw. durchzustreichen und dadurch die Staffel zu gewinnen.
Es läuft dabei immer nur ein Schüler zur selben Zeit. Dieser darf nur eine Zahl der Pyramide würfeln und durchstreichen. Falls eine Zahl einer bereits vollständig erspielten Zahlenreihe gewürfelt wird, darf der Läufer es so lange erneut versuchen, bis eine Zahl geworfen wird, welche noch zu erspielen ist. Beim Wechsel wird am Hütchen abgeklatscht. Es wird in einer festen Reihenfolge gewechselt und gelaufen. Die Distanz sollte zwischen 30 m bis 50 m pro Strecke betragen. Gewonnen ist die Runde, wenn die letzte Zahl durchgestrichen wurde und der letzte Läufer wieder am Startpunkt angekommen ist.

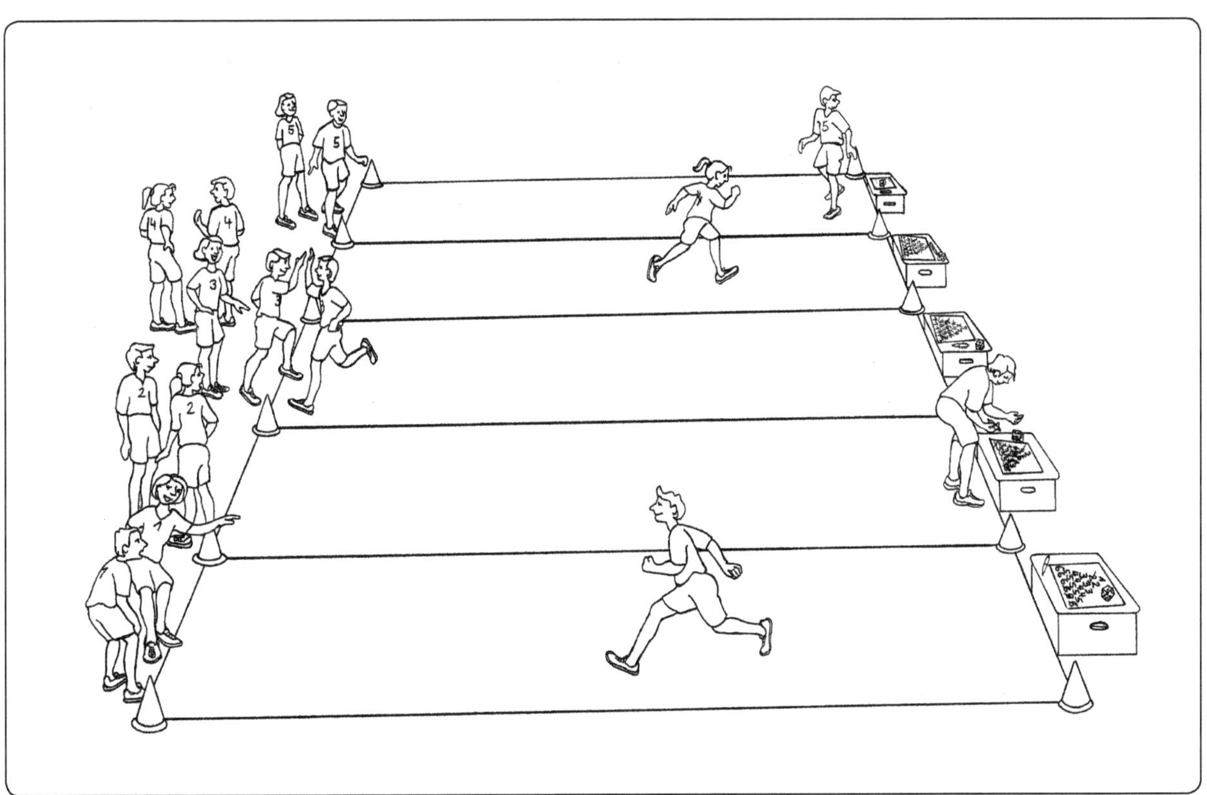

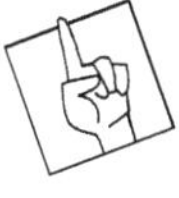

Im Außengelände kann die Distanz verlängert werden. Die Zahlenpyramide lässt sich als Raute nach unten vergrößern, um die Anzahl der Durchgänge zu erhöhen. Weiterhin kann auch das wiederholte Würfeln wegfallen, falls eine bereits gestrichene Zahl gewürfelt wurde. Somit wird die Gesamtlaufzeit erhöht. Erkrankte oder verletzte Schüler können dem Lehrer bei der Kontrolle helfen.

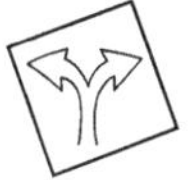

Um leistungsschwächere Schüler zu motivieren, sollte die Lehrkraft die Einteilung der Gruppen selbst vornehmen und stets stärkeren Läufern langsamere Läufer zuordnen.

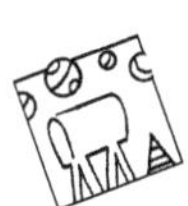

Pylonen, Stifte, Arbeitsbögen (Vorlage im Anhang S. 68), Würfel

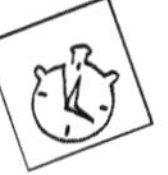

10–15 Minuten

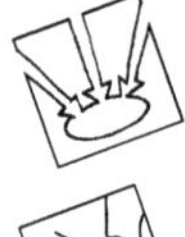

Wettkampfmethode – Grundlagen-/Kraftausdauer – Einzel-/Gruppenarbeit

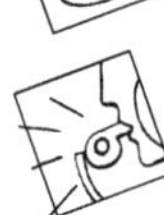

Jede Mannschaft (drei bis fünf Schüler) erhält ein eigenes Start- und Zielhütchen als Station. Die Schüler müssen von ihrer Station aus – je nach Gruppengröße – mindestens zu zweit, dritt oder viert gemeinsam in der Runde laufen und dabei ein „Glücksradrätsel" lösen. Dazu sollen sie sich pro Runde einen Buchstaben des Lösungssatzes merken, den die Lehrkraft auf einem großen Bogen Papier notiert hat.
An jeder Station liegt ein Blatt Papier, auf dem der Satz nochmals zu finden ist – hier allerdings in Form eines Lückentextes. Die Schüler tragen jeweils nach einer Runde die fehlenden Buchstaben, die sie sich merken konnten, darin ein.
Diejenigen, die an dem Start- und Zielhütchen stehen bleiben, können währenddessen versuchen, die richtige Lösung herauszubekommen. Wer mit der gesamten Gruppe zuerst den richtigen Lösungssatz bei der Lehrkraft abgibt, gewinnt die Runde. Das Spiel kann beliebig oft wiederholt werden.

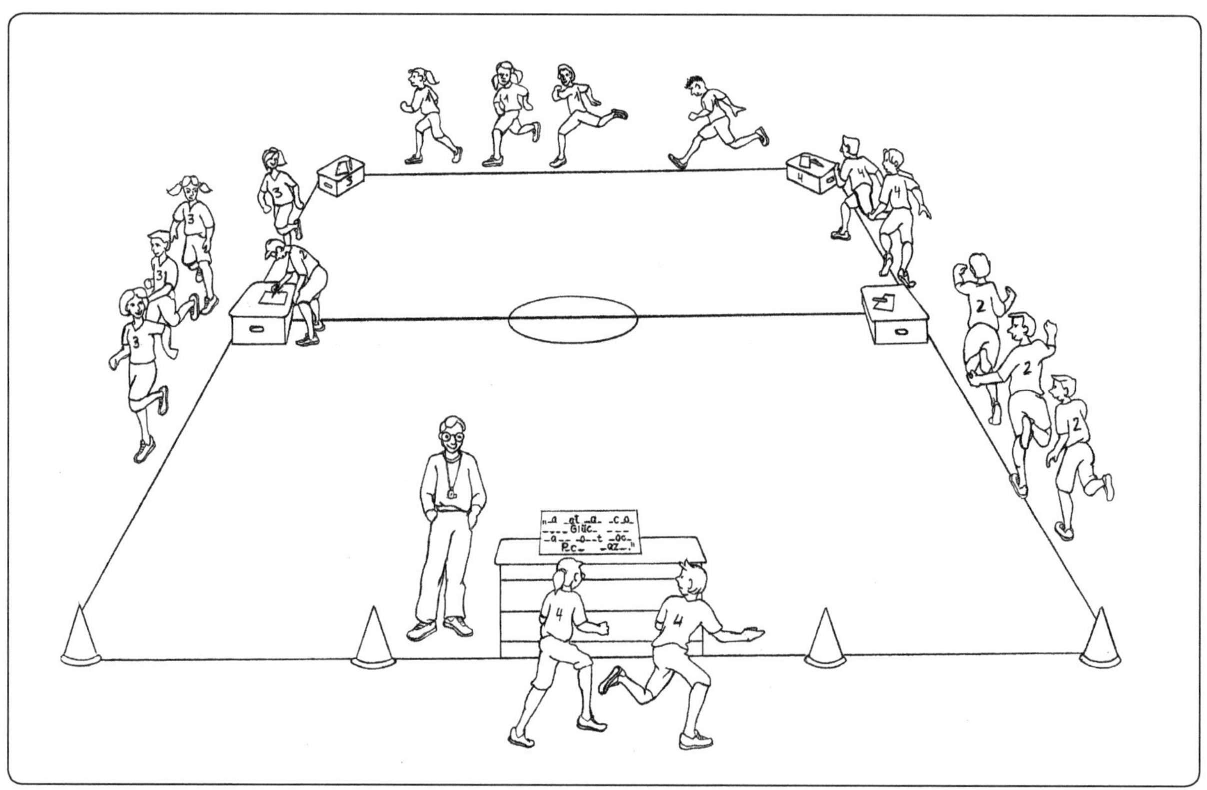

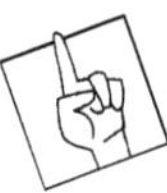

Im Außengelände kann die Distanz verlängert werden. Damit die Gruppen zusammenbleiben, wäre ein Gymnastikreifen oder ein Seil hilfreich, der/das von allen Läufern einer Gruppe zur besseren Kontrolle festgehalten werden muss. Damit die Schüler in einen längeren Lauf kommen, können auch mehrere Rätsel gleichzeitig gespielt werden.

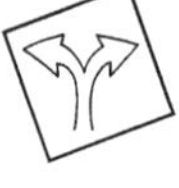

Um leistungsschwächere Schüler zu motivieren, sollte die Lehrkraft die Gruppen selbst einteilen und dabei stets stärkere Läufer gemeinsam mit langsameren Läufern laufen lassen. Man könnte ebenfalls einen Joker einbauen, so dass jede Gruppe pro Durchgang gezielt einen Buchstaben erfragen darf.

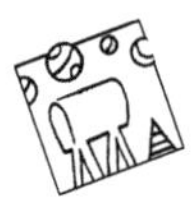

Pylonen, Stifte, Arbeitsbögen, großer Kasten

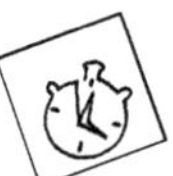

15–20 Minuten

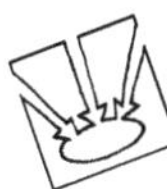

Wettkampf-/Wiederholungsmethode – Grundlagen-/Schnellkraftausdauer – Einzel-/Gruppenarbeit

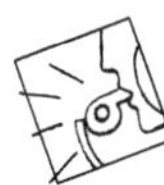

Die Schüler werden für diese Staffel in Dreiergruppen eingeteilt. Zwei Schüler laufen jeweils zusammen. Jede Gruppe entscheidet bei jedem Lauf selbst, um welche beiden Schüler es sich handeln soll. Sind die Läufer bei den verdeckten Memory-Karten auf der gegenüberliegenden Seite des Startpunktes angelangt, darf jeder hier nur eine Karte umdrehen. Wird ein Kartenpärchen aufgedeckt, nimmt der Läufer es mit zurück zum Startpunkt. Dort werden die Läufer gewechselt und wichtige Details zu Positionen und Motiven der Memory-Karten ausgetauscht.
Die Mannschaft, welche ihr Memory als erstes vollständig aufgedeckt hat, gewinnt den Lauf. Bei diesem Spiel sollte die Distanz zwischen Startpunkt und Memory-Karten relativ weit sein, damit die Schüler nicht zu sehr ins Sprinten geraten und sich ihre Kräfte längere Zeit über die zu laufende Distanz einteilen. Je nach Größe des Memory-Spiels dauert der Wettkampf natürlich länger oder kürzer.

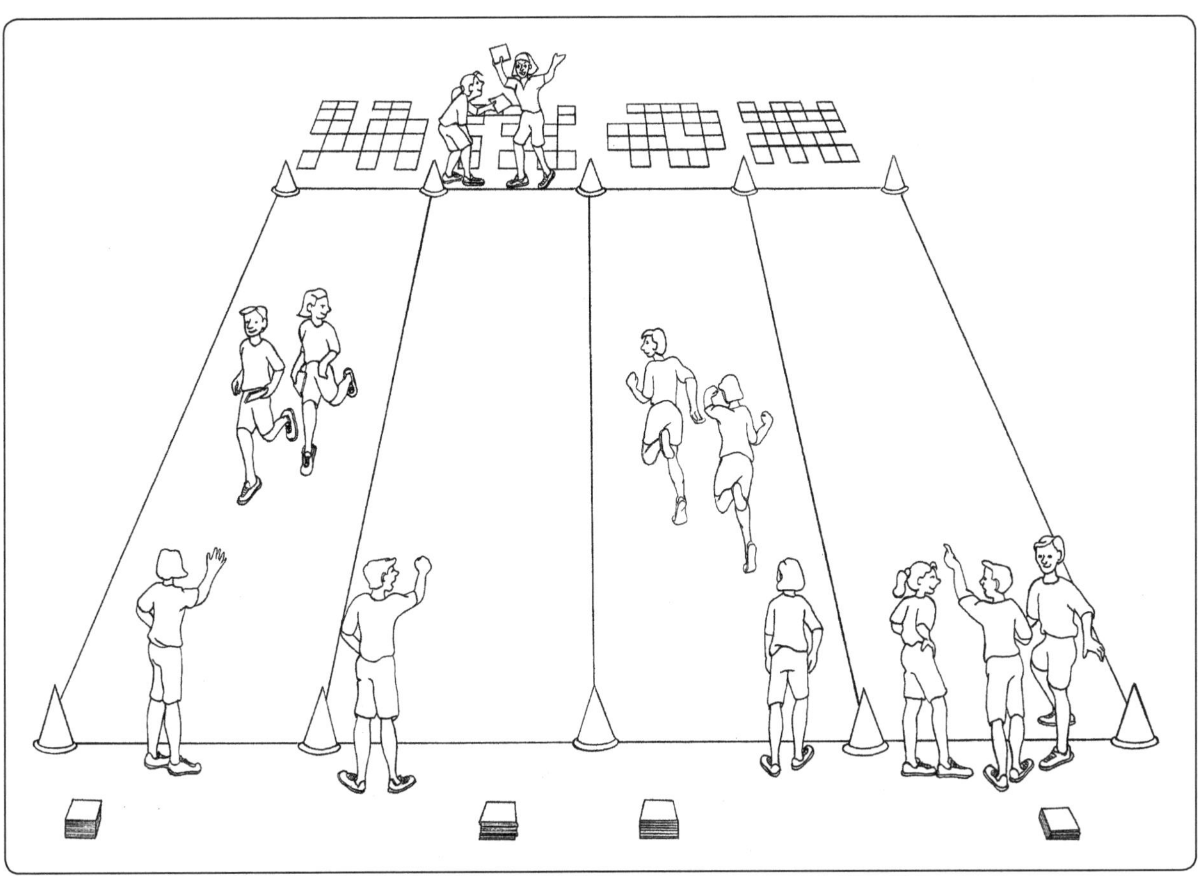

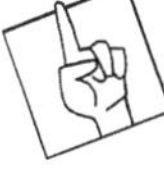

Im Außengelände kann die Distanz zum Training der Langzeitausdauer verlängert werden. Erkrankte oder verletzte Schüler können dem Lehrer bei der Kontrolle helfen.

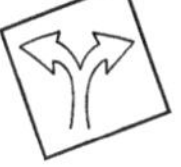

Da die Schüler selbst entscheiden, ob und wie oft sie laufen, kann jeder Läufer dem Team individuell helfen und seine Stärken einbringen. Weil bei der Übung auch Köpfchen und Kommunikation gefragt sind, können die Teams zufällig ausgelost werden. Die Memory-Karten sollten entweder wild durcheinander oder auf einem Koordinatenfeld (z. B. A1–D4) ausgelegt werden.

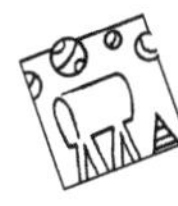

Pylonen, Memory-Spiele

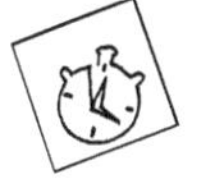

10–20 Minuten

29. Stadt-Land-Fluss-Rallye 7/8

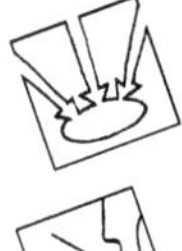

Wettkampf-/Wiederholungsmethode – Schnellkraftausdauer – Gruppenarbeit

Die Schüler werden in Dreier- oder Vierergruppen eingeteilt. Es läuft immer nur ein Schüler zur selben Zeit und dieser darf nur ein Feld in der „Stadt-Land-Fluss-Tabelle" ausfüllen, welche jeweils auf der gegenüberliegenden Seite des Startpunktes jeder Gruppe liegt – zusammen mit einem Stift auf einem kleinen Kasten. Die am Startpunkt verbleibenden Schüler können inzwischen weitere Begriffe absprechen. Bei dem Wechsel der Läufer wird am Hütchen abgeklatscht. Es wird zudem in einer festen Reihenfolge gelaufen. Die Distanz sollte zwischen 25 m bis 30 m pro Strecke betragen. Eine Runde gewonnen hat diejenige Mannschaft, deren letzter Läufer den letzten Begriff korrekt eingetragen hat und wieder am Startpunkt angekommen ist.

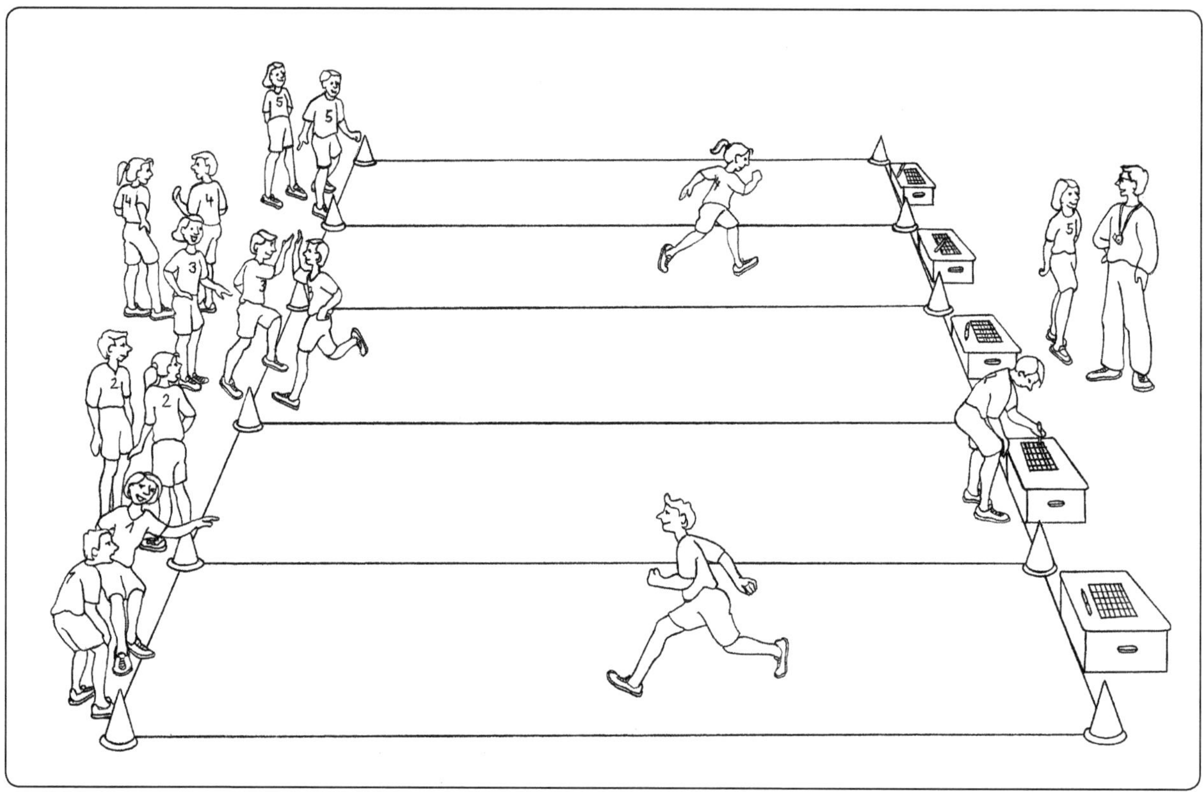

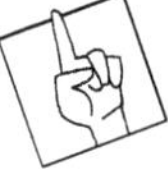

Im Außengelände kann die Distanz verlängert werden. Die gesuchten Begriffe können zur besseren Motivation zum Teil auch vorab von den Schülern vorgegeben werden (z. B. Sportart, Film, Automarke). Erkrankte oder verletzte Schüler können dem Lehrer bei der Kontrolle der Begriffe helfen, die nach jeder Runde erfolgen muss.

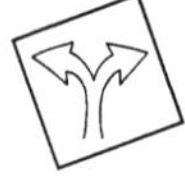

Falls den Schülern ein Begriff nicht einfällt, können sie entweder den Lehrer fragen oder an einen zentralen Punkt laufen, an dem sie einen Zettel mit dem jeweiligen Buchstaben umdrehen und mögliche fehlende Begriffe nachlesen. Dieser Punkt sollte herausfordernd gestaltet werden, sodass sich die Schüler sehr gut überlegen müssen, ob sie die Hilfe nutzen.

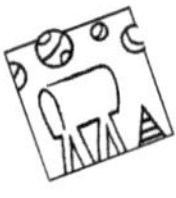

Pylonen, kleine Kästen, Arbeitsbögen (Vorlage im Anhang S. 74), Stifte

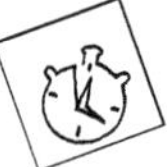

12–20 Minuten

30. Sechs-Tage-Rennen

7/8

Wettkampf-/Intervallmethode – Kraft-/Langzeitausdauer – Einzel-/Gruppenarbeit

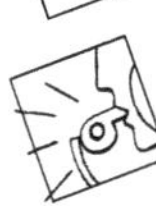

Dieser Wettkampf ist eine ideale Methode für das Austesten der Belastungsgrenzen einzelner Schüler. Die Klasse wird dazu in gleich starke Fünfer- oder Sechsergruppen aufgeteilt. Ziel des Wettkampfes ist es, in einer vorgegebenen Zeit von 15 bis 30 Minuten mit dem eigenen Team möglichst viele Runden zu erlaufen. Pro Gruppe läuft dabei nur ein Schüler zur selben Zeit, wobei aufgrund der Länge des Wettkampfes jeder Läufer individuell seine Stärke in die Gesamtleistung des Teams einbringen kann. Die zu laufende Runde sollte ungefähr die Größe eines Volleyballfeldes haben.

Jede Gruppe legt zunächst auf einem Arbeitsbogen die Reihenfolge der Läufer fest, welche über den gesamten Wettkampf nicht verändert werden darf. Der Arbeitsbogen dient ebenfalls zum Notieren der gelaufenen Runden. Jeder Schüler muss, wenn er an der Reihe ist, mindestens eine Runde laufen und darf dann wieder innerhalb der Wechselzone mit einem Abklatschen wechseln.

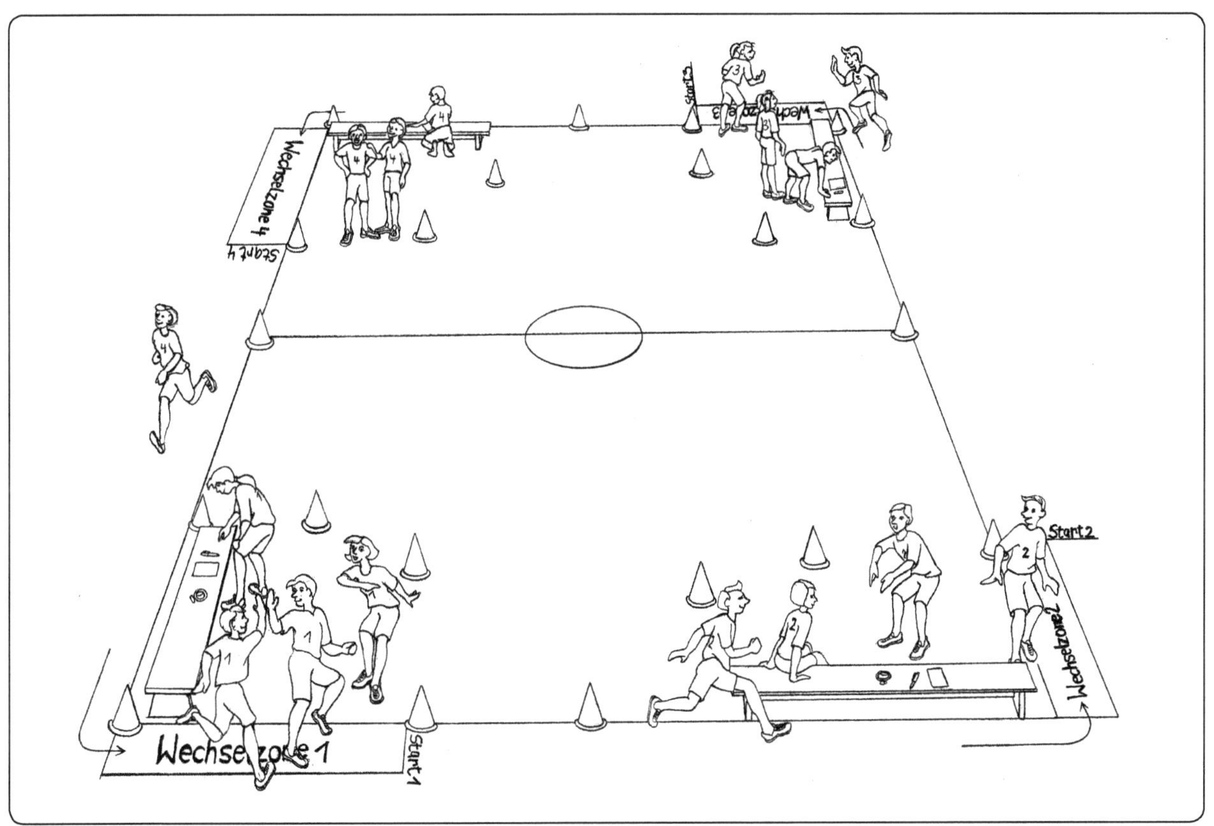

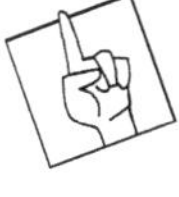

In höheren Klassen oder im Außengelände kann ein größeres Areal gewählt werden. Bei fünf oder sechs Gruppen wird an zwei Seiten jeweils in der Mitte eine weitere Wechselzone eingerichtet, um die Bewegungszeit der Schüler zu erhöhen.

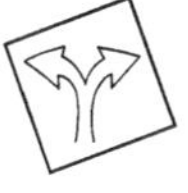

Die einzelnen Läufer können selbst entscheiden, wie viele Runden sie am Stück laufen. Die Gruppen können auch feste Strategien festlegen und diese, abhängig von den Kraftreserven einiger Teammitglieder, während des Wettkampfes wieder ändern. Leistungsschwächere Schüler können nach je einer Runde wieder neue Kraft sammeln.

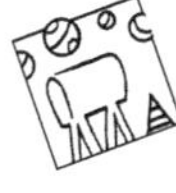

Bänke, Pylonen, Arbeitsbögen (Vorlage im Anhang S. 75), Stifte, Stoppuhr

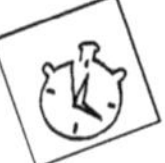

15–30 Minuten

31. Orientierungslauf 2 — 7/8

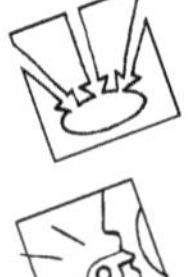

Wettkampf-/Intervallmethode – Grundlagen-/Langzeitausdauer – Gruppenarbeit

Der zweite Orientierungslauf für die mittlere Jahrgangsstufe sollte in der umliegenden Umgebung und auf dem Schulgelände stattfinden. Die Schüler laufen in Gruppen (drei bis fünf Schüler pro Gruppe) und erhalten je einen Laufplan, auf dem die einzelnen Laufstationen im Gelände vermerkt sind (Sprunggrube, Garage am Sportplatz, Hausmeisterbüro etc.). Um Stau zu vermeiden, kann man die Hälfte der Gruppen in die entgegengesetzte Runde laufen oder die Schüler im dreiminütigen Abstand starten lassen.
Auf ein Zeichen des Lehrers beginnen die ersten beiden Gruppen die Laufstrecke von demselben Ausgangspunkt. Dabei muss die Reihenfolge des Laufplans, bis auf die erste Station, nicht eingehalten werden.
An den jeweiligen Stationen müssen die Schüler jeweils eine Aufgabe (Mathematik, Logik etc.) lösen oder eine Frage beantworten. Die Lösungen bzw. Antworten werden notiert und dann die nächste Station angelaufen. Gewonnen hat die Gruppe, die in der kürzesten Zeit die meisten Fragen und Aufgaben gelöst hat. Die Zeit wird erst gewertet, wenn das letzte Gruppenmitglied im Ziel angekommen ist.

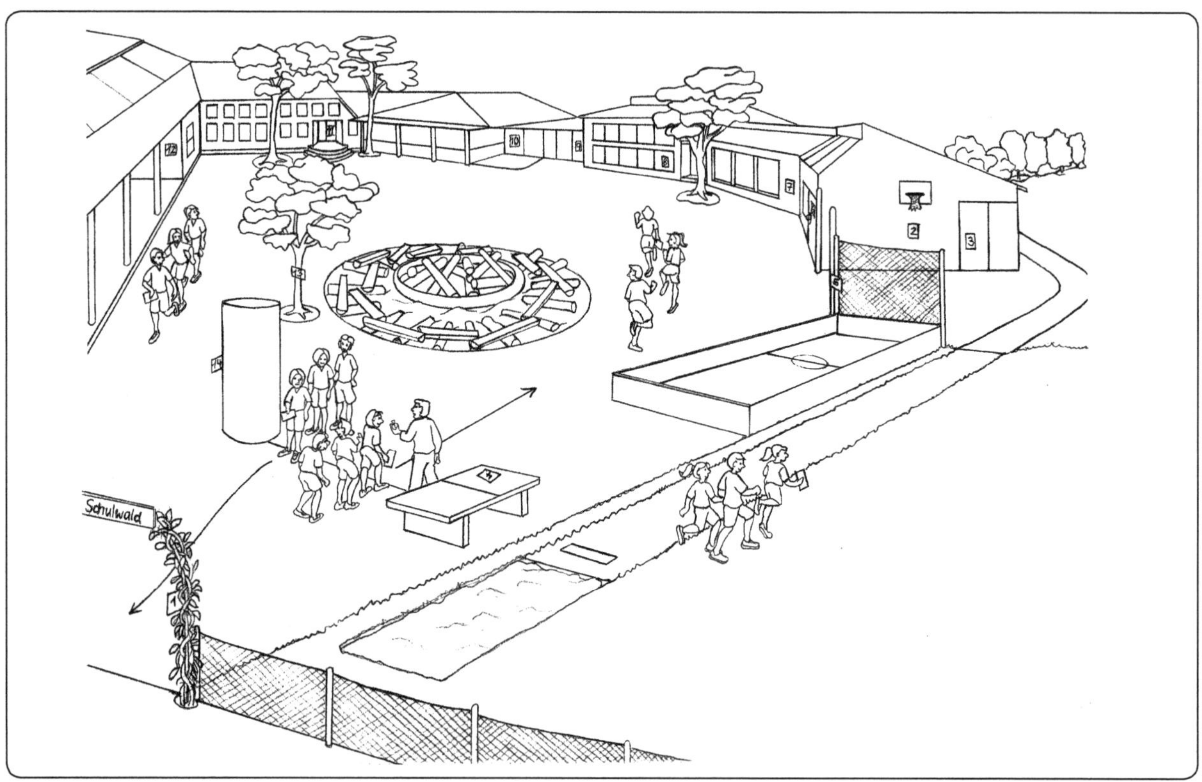

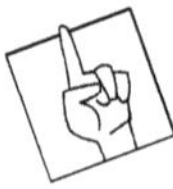

Der Orientierungslauf kann auch allein im Außengelände der Schule stattfinden, damit niemand unnötig gestört wird. Eine Kontrolle, ob die Gruppen immer gemeinsam laufen, kann z. B. durch nicht aktive Schüler erfolgen. Der Start-Zielpunkt sollte an einem zentralen Ort liegen, falls es zu Komplikationen kommt und um alle Gruppen zwischendurch im Blick zu haben.

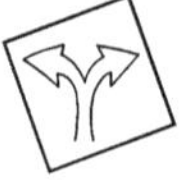

Die Zeiten der Gruppen könnten schon beim vorletzten Läufer im Ziel gestoppt werden. Jede Gruppe hat einen Joker und kann eine Aufgabe doppelt werten lassen.

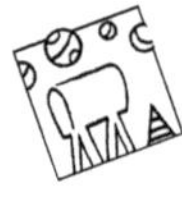

Stifte, Laufpläne (Vorlage im Anhang S. 76), Stoppuhr, Aufgaben (Vorlage im Anhang S. 77)

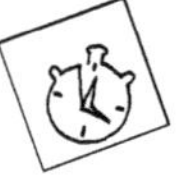

15–25 Minuten

Wettkampf-/Intervallmethode – Grundlagen-/Langzeitausdauer – Gruppenarbeit

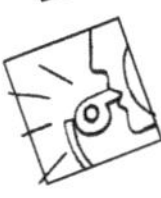

Diese Variante eines Orientierungslaufs ist ebenfalls für die umliegende Gegend und das Schulgelände gedacht. Die Schüler erhalten eine Karte des zu erlaufenden Geländes, auf der Objekte, Ausschnitte aus Google Maps/Earth oder auch nur ein Fotoausschnitt abgedruckt sind und eine Liste mit Fotos von Häusern oder markanten Objekten aus der näheren Umgebung, welche aufgesucht werden müssen, um dort angebrachte Zahlen oder Gegenstände, einen Buchstaben oder ganze Wörter zu notieren. Diese ergeben dann zusammen ein Lösungswort, eine Sammlung von Gegenständen oder eine bestimmte Zahl, die z. B. errechnet werden muss.

Die Schüler laufen in Kleingruppen (drei bis fünf Schüler). Um Stau oder gemeinsames Laufen mehrerer Gruppen zu vermeiden, kann man die Gruppen in kleinen Abständen starten lassen. Die Reihenfolge der zu erlaufenden Objekte festzulegen, ist als Orientierungsaufgabe den Schülern überlassen. Die Lösungen werden notiert und dann das nächste Foto gesucht und angelaufen. Gewonnen hat die Gruppe, die in der kürzesten Zeit die korrekte Lösung erlaufen hat. Die Zeit wird erst gewertet, wenn das letzte Gruppenmitglied im Ziel angekommen ist.

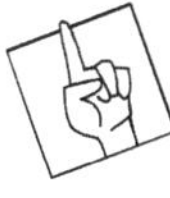

Eine Kontrolle, ob die Gruppen gegen die Regel gemeinsam laufen, kann z. B. durch nicht aktive Schüler erfolgen. Der Start-Zielpunkt sollte an einem zentralen Ort liegen, falls es zu Komplikationen kommt und um alle Gruppen zwischendurch im Blick zu haben.

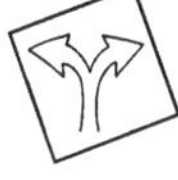

Jede Gruppe kann einen Joker erhalten und so z. B. ein Objekt auslassen. Bei Orientierungsproblemen wird eine feste Reihenfolge in der Geländekarte vorgegeben.

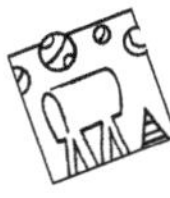

Karte vom Gelände, Objektliste, Stifte, Stoppuhr, Markierungen (Buchstaben, Wörter, Zahlen oder Gegenstände)

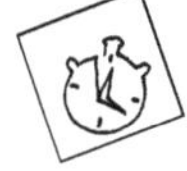

30–60 Minuten

33. Lauf- und Übungsformen 2 — 9/10

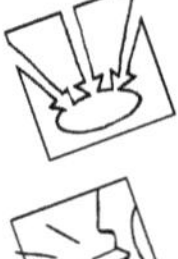

alle Methoden – alle Ausdauerformen – Einzel-/Partner-/Gruppenarbeit

Beim Ausdauertraining in den oberen Jahrgängen rückt der Fokus vom spielerischen Charakter der Übungen hin zum bewussten Ausdauersport. Im Alter von 15 bis 16 Jahren besuchen viele Jugendliche bereits Fitnessstudios, um gezielt Kraft und Ausdauer zu trainieren. Das Körperbewusstsein der Schüler nimmt zu und so sollte sich auch die Schule an der Lebenswelt der Schüler orientieren. Im Folgenden zeigt dieses Kapitel weitere Übungsformen und Möglichkeiten auf, die immer wieder in Erwärmungsphasen, zur Variation einzelner Übungen und zur abwechslungsreichen Gestaltung des Sportunterrichts im Hinblick auf das Trainieren der Ausdauer hilfreich sein können. Hier einige Beispiele für die oberen Jahrgangsstufen der Sekundarstufe I:

Laufen im Gelände

- Wald / nähere Umgebung der Schule
- Tempo über längere Zeit konstant halten
- verschiedene Untergründe
- bergauf und bergab
- verschiedene Witterungen

Trimm-Dich-Pfade

- Kennenlernen von öffentlichen Sportmöglichkeiten
- Nutzen/Austesten der Übungen

Laufen mit klaren Zeitvorgaben

- Belastung → Erholung
- Intervalle
- 10/20/30 Minuten

Laufen mit Musik

- Rhythmus beachten
- Welche Musik eignet sich?
- 160–170 bpm

Treppenlauf

- verschiedene Rhythmen
- mit Medizinbällen
- als Wettkampf

Alternativen zum Laufen

- Schwimmen
- Radfahren
- Aerobic
- Fitnessstudio (Kardiogeräte)

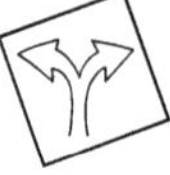

Die meisten Übungen sind im individuellen Tempo von den Schülern zu absolvieren. Von Beginn an sollte den Schülern jedoch klar sein, dass Pausen zwar stets möglich sind, eine Leistungssteigerung aber auch mit Anstrengungsbereitschaft verbunden ist.

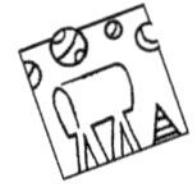

verschiedene Geräte und Materialien

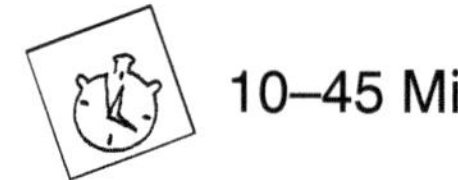

10–45 Minuten

34. Tempo vorgeben 9/10

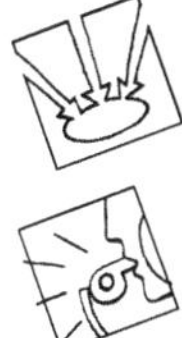

Dauer-/Intervallmethode – Grundlagenausdauer – Partner-/Gruppenarbeit

Bei dieser Übung soll erneut das „Wohlfühltempo“ über eine längere Strecke bzw. Zeit gefunden und gelaufen werden. In einem Laufareal gibt es bei dieser Übung vier Einstiegspunkte für alle Schüler. Zu Beginn startet an diesen vier Punkten jeweils ein vorab bestimmter Läufer in seinem „Wohlfühltempo“ in den Kurs. Diese vier Schüler sollten vom Lehrer so ausgewählt sein, dass möglichst große Unterschiede in der Leistungsfähigkeit vorliegen. Jetzt können alle Schüler die vier Läufer beobachten und sich nacheinander einem Läufer bzw. einer Gruppe anschließen.
An allen vier Eckpunkten können die Schüler außerdem jederzeit zu einer kurzen Pause aussteigen und später auch bei anderen Gruppen wieder einsteigen. Steigt der Tempomacher zu einer kurzen Pause aus, muss er dies mit einem Gruppenmitglied abgesprochen haben, damit dieses ihn vertreten kann. Zur besseren Orientierung und zum Halten des Tempos ist es empfehlenswert, dass die Tempomacher eine Stoppuhr zur Kontrolle der Rundenzeiten bei sich tragen. In einem zweiten Durchgang kann nun ein anderer Schüler anhand dieser Informationen (z. B. eine Runde in 35 Sekunden etc.) die Rolle des Tempomachers übernehmen.

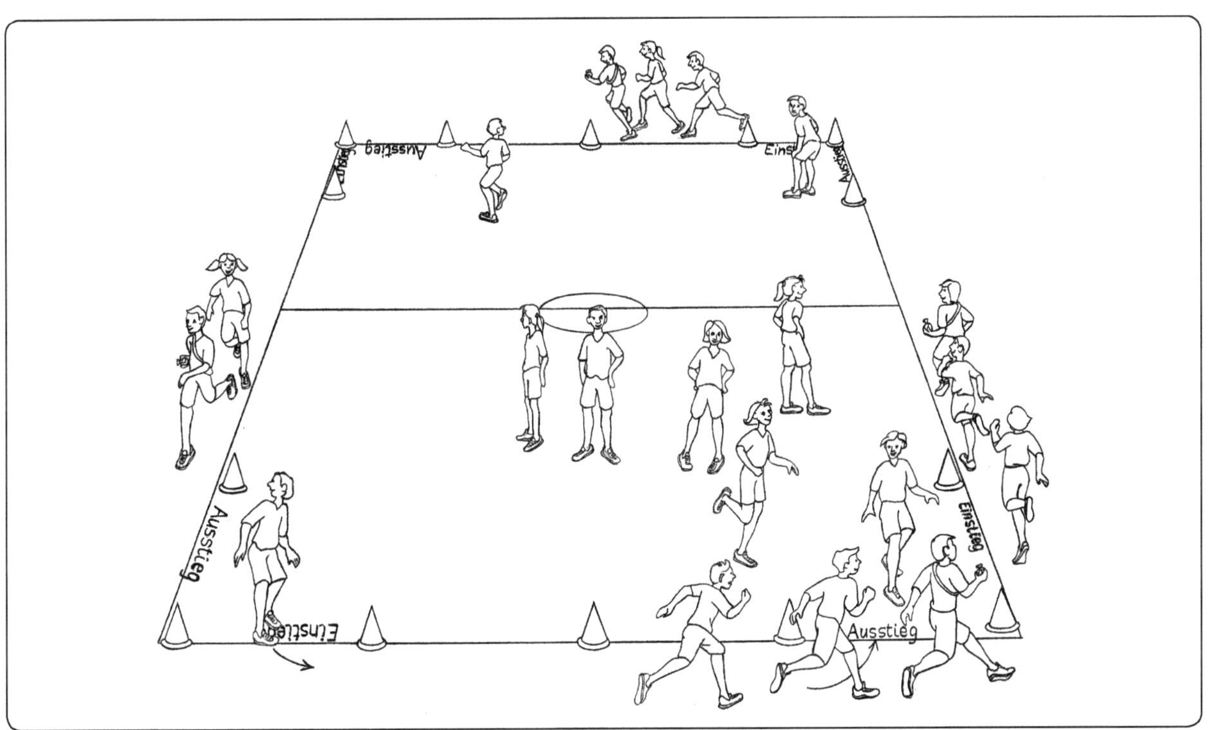

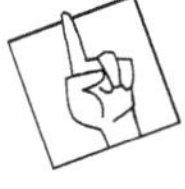

Nach 10 bis 15 Minuten kann eine kurze Pause eingelegt und gemeinsam der Puls gemessen werden. Anhand der Höhe des Pulsschlages entscheiden die Schüler nun, ob sie die Gruppe im zweiten Durchgang wechseln müssen.

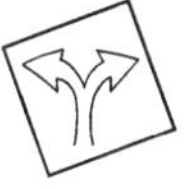

Damit keiner der leistungsschwächeren Schüler in die Verlegenheit kommt, als Langsamster im Laufareal zu starten, kann die Rolle des Tempomachers in dieser Gruppe vom Lehrer übernommen werden. Dieser kann dann nach kurzer Zeit seine Rolle an einen Schüler übergeben und aussteigen.

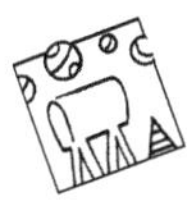

Pylonen, Stoppuhren

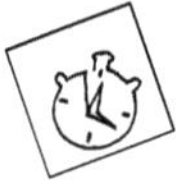

20–25 Minuten

Intervallmethode – Grundlagen-/Langzeitausdauer – Einzelarbeit

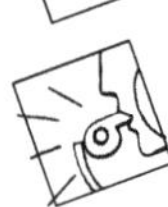

Das Ziel der Übung ist, seine eigene Laufzeit einschätzen zu können. Ob die Übung in der Sporthalle oder im Außenbereich durchgeführt wird, hängt von den Gegebenheiten der Schule ab. Eine zu laufende Runde sollte jedoch nicht länger als 150–200 m sein. Die Außenlinien des Volleyball- und des Handballfeldes bieten dabei jeweils eine ideale Größe für die Runden.
Die Schüler laufen im gleichmäßigen Wohlfühltempo über eine vorab festgelegte Zeit (2–5 Minuten) ausgehend von einer festgelegten Markierung (z. B. durch eine Pylone) mehrere Runden und zählen diese. Nach Ablauf der Zeit gibt der Lehrer ein Signal und die Schüler erhalten eine kurze lohnende Pause. Im Anschluss erfolgt ein weiteres Signal und es wird über dieselbe Zeitdistanz wie im ersten Durchgang gelaufen. Einer etwas schnelleren Laufrunde folgen nun, im Verhältnis 1:3 oder 1:2, zwei oder drei langsame Runden. Dieses Intervall wird dann bis zum Ablauf der Gesamtzeit wiederholt.
Bei der folgenden Reflexion werden nun die Unterschiede zwischen dem gleichmäßigen Dauerlauf und dem Intervalllauf im Hinblick auf die Belastung, die Wahrnehmung der Zeit und die gelaufene Rundenzahl besprochen. Danach wird die Übung wiederholt.

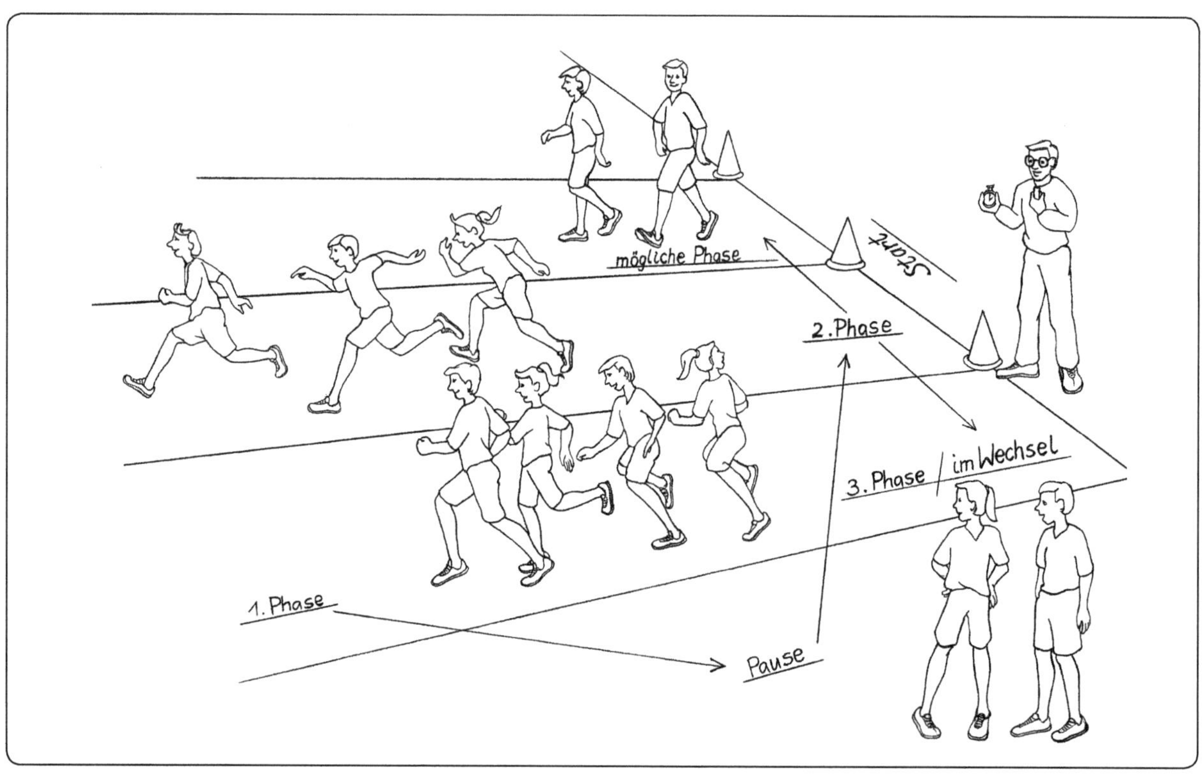

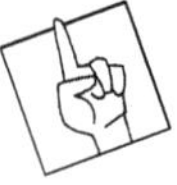

Die Übung kann durch weitere Intervallvorgaben erweitert werden, wie z. B. im Wechsel eine schnelle Runde laufen und danach eine Runde gehen. Die Laufzeiten können zudem verlängert werden (6–10 Minuten).

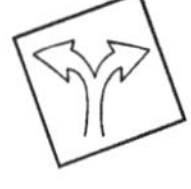

Wenn Schüler Schwierigkeiten haben, ihr Tempo zu halten, können sie mit einem Partner gemeinsam laufen. Diese Paare sollten in ihrer Ausdauerleistung jedoch möglichst homogen sein.

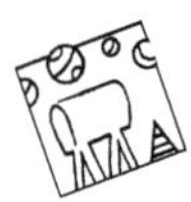

Pylonen, Stoppuhr

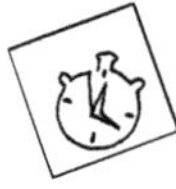

15–25 Minuten

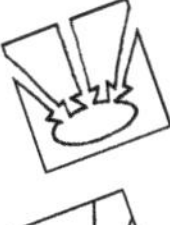

Dauermethode – Grundlagenausdauer – Einzel-/Gruppenarbeit

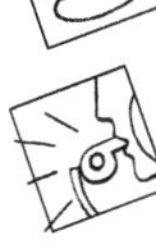

Diese Übung sollte auf einer großen Rasenfläche (Fußballfeld) im Außengelände durchgeführt werden. In einem etwas kleineren Rahmen eignet sie sich aber auch für die Halle. Alle Schüler laufen gleichzeitig in eine vorab bestimmte Richtung. Auf den Teilabschnitten AB und CD laufen alle gemeinsam. Das Tempo richtet sich hier nach dem langsamsten Läufer.
Jeder Schüler kann sich nun seine Laufstrecke individuell aussuchen. Der langsamste Schüler entscheidet sich z. B. für die Strecke ABCD. Schnellere Läufer sollen dagegen selbstständig Umwege nehmen, wie z. B. AB2CD5 oder AB123CD56 etc. Dabei ist es bei der Wahl des Umweges entscheidend, dass man auf den Teilabschnitten AB und CD wieder mit der gesamten Gruppe gemeinsam läuft. Schnellere Schüler absolvieren folglich ein leichtes Intervalltraining, da sie auf den Gruppenstrecken langsamer laufen und auf den selbst gewählten Abschnitten das Tempo wieder leicht erhöhen.

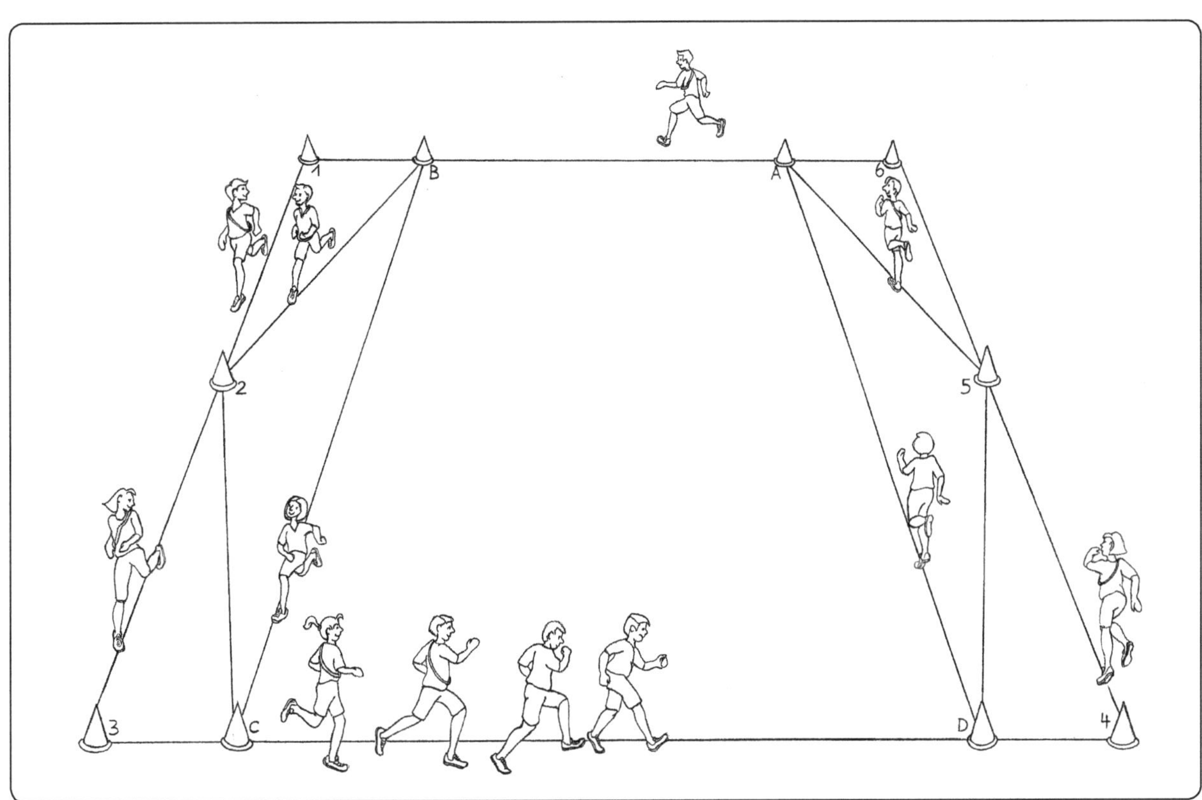

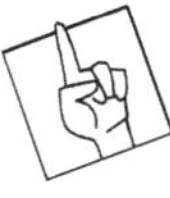

Bei dieser Übung bietet es sich an, die Strecke mit der Lerngruppe in einem „Museumsgang“ zunächst gemeinsam zu durchlaufen. Ab der zweiten Runde können dann die ersten Schüler Umwege nehmen. Zur Vereinfachung der Übung kann die Klasse auch in zwei Laufgruppen aufgeteilt werden. Die Schnelleren müssten sich dann an den weniger schnellen Läufern orientieren. Sind zwei Gruppen auf der Strecke unterwegs, müssen diese sich farblich (Bändchen oder Leibchen) unterscheiden.

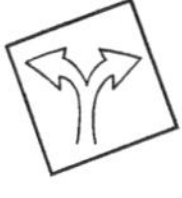

Da jeder Schüler seine Laufstrecke in der Länge selbst wählen kann, sollten alle Schüler in der Lage sein, zumindest die kürzeste Strecke durchgehend zu laufen oder schnell zu gehen. Falls es hier Probleme gibt, könnte die Lehrkraft als motivierender Tempomacher mitlaufen.

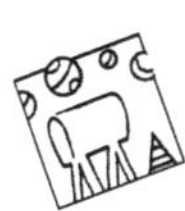 Pylonen, Bändchen oder Leibchen

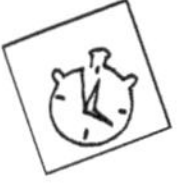 15–20 Minuten

37. Laufende Begegnungen 9/10

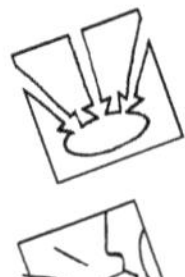

Intervallmethode – Grundlagenausdauer – Einzel-/Partner-/Gruppenarbeit

Bei dieser Übung stehen immer zwei Schüler Rücken an Rücken zusammen, die einander per Los zugewiesen wurden. Auf ein Startsignal laufen beide in ihrem jeweiligen „Wohlfühltempo“ eine entgegengesetzte Stadionrunde auf der Laufbahn. An der Stelle, an der sich beide wiedertreffen, wird kurz, wie bei einer Staffel, abgeklatscht. Danach drehen sich beide Läufer wieder um und laufen die soeben absolvierte Strecke zurück zum Startpunkt. Wird über die gesamte Laufzeit das Tempo gehalten, treffen sich beide Läufer auch hier wieder gleichzeitig. Diese Übung kann in mehreren Durchgängen mit immer wieder neu zusammengesetzten Pärchen durchgeführt werden.

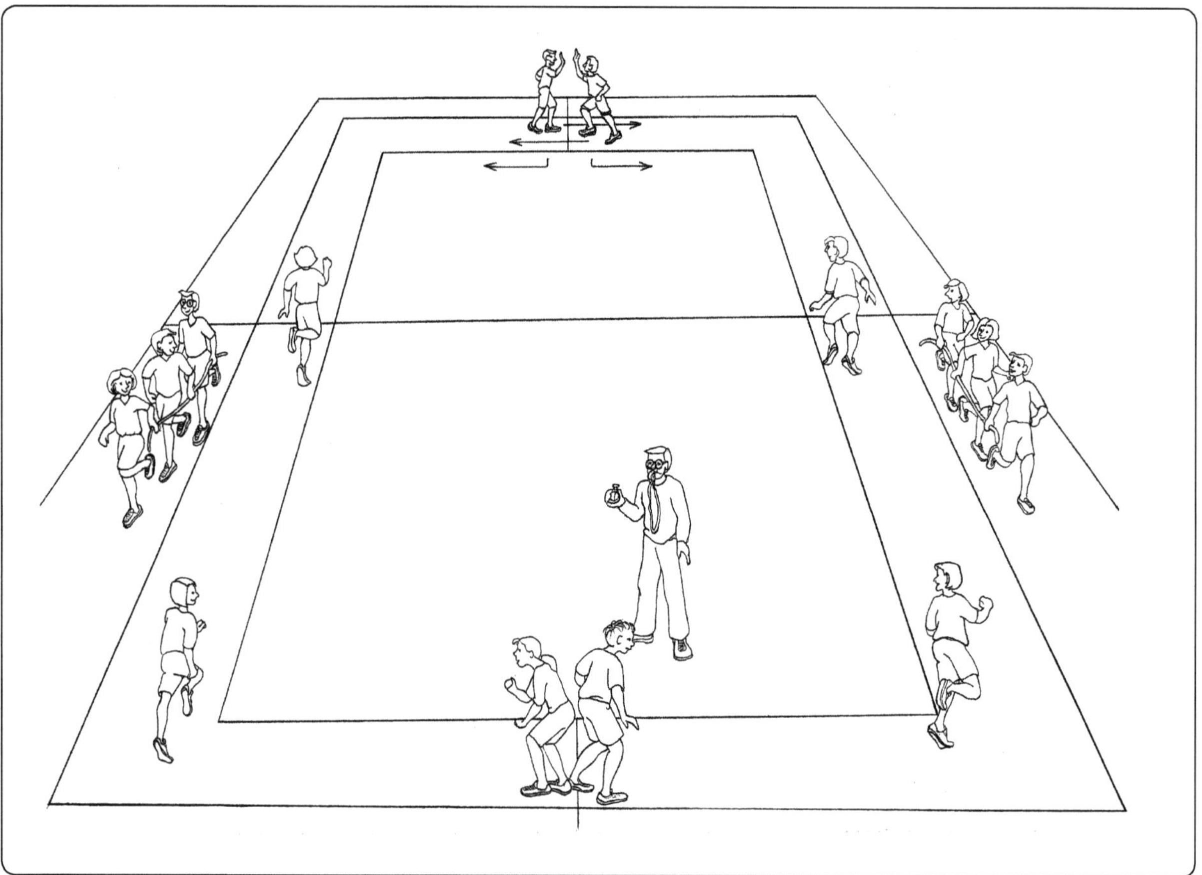

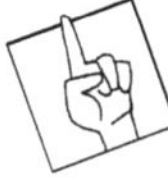

Eine Verlängerung der Übung kann durch ein kurzes Abklatschen ohne Richtungswechsel bei dem zweiten Aufeinandertreffen erreicht werden. Beide laufen dann, am Startpunkt angekommen, einfach weiter und gehen in eine zweite Runde. In dieser wird sich dann bei der nächsten Begegnung umgedreht und zurück zum Ausgangspunkt gelaufen.

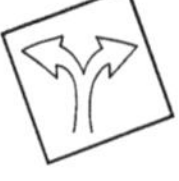

Leistungsunterschiede werden durch das zu laufende „Wohlfültempo“ unwichtig. Langsamere Schüler laufen dann den kürzeren, schnellere den längeren Weg.
Eine weitere Steigerung kann durch die Bildung möglichst homogener Laufgruppen von drei bis vier Schülern erreicht werden, die gemeinsam mit einem Seil in den Händen entgegengesetzt zu einer anderen Gruppe die Runde laufen.

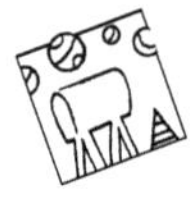

Seile

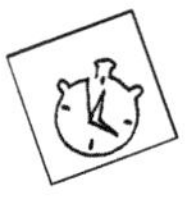

15–20 Minuten

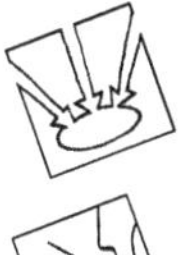

Dauer-/Intervallmethode – Langzeit-/Kraftausdauer – Einzelarbeit

Bei diesem Zirkel wird die Ausdauerschulung motivierend mit koordinativen Übungen mit verschiedenen Geräten verbunden. Die Schüler werden gleichmäßig an sechs Stationen verteilt – in Gruppen von maximal fünf Schülern. In jedem Durchgang absolviert jeder Schüler nach dem Startsignal kontinuierlich die jeweilige Ausdauerübung. Nach dem zweiten Signal erfolgt der Stationswechsel jeweils fließend. Es gibt folglich keine Pausen während eines Durchgangs, der 2–3 Minuten dauert. Die Gesamtbelastung liegt somit bei 12 bis 18 Minuten. Die zu laufende Zeit sollte sich am Leistungsstand der Lerngruppe orientieren. Die Praxis hat bei diesem Zirkel gezeigt, dass Hintergrundmusik motivierend auf die Schüler wirkt.

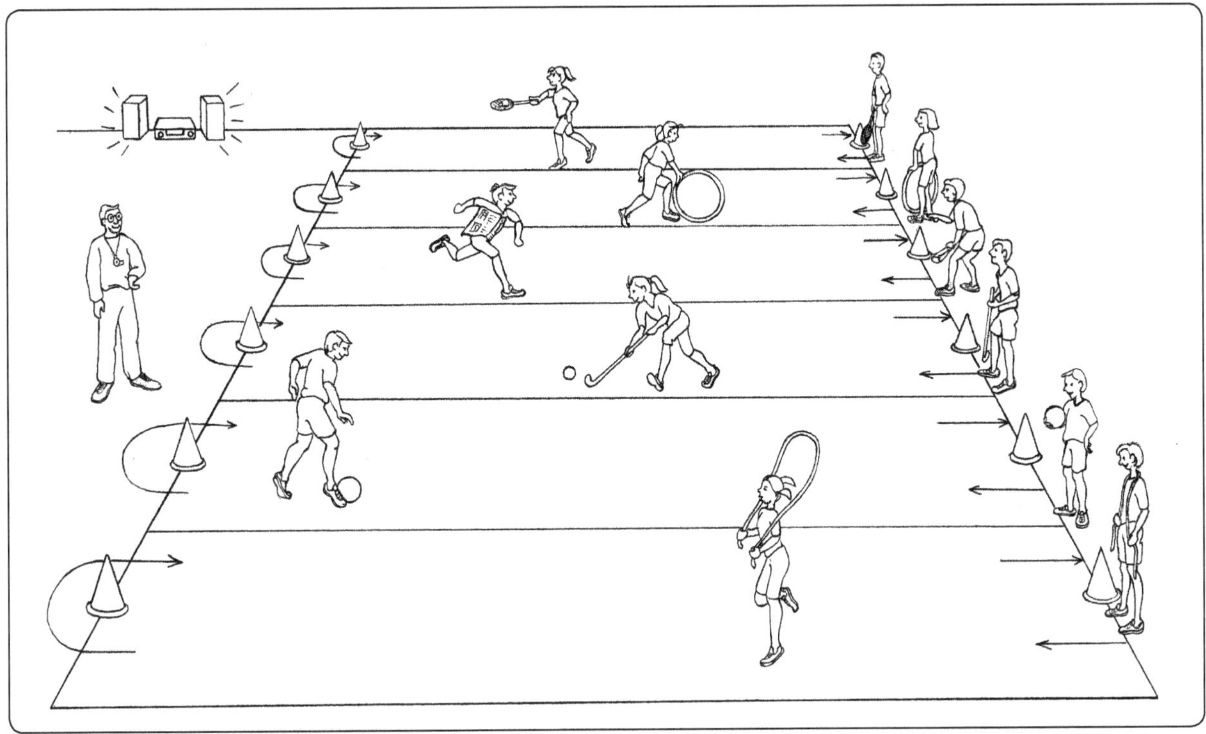

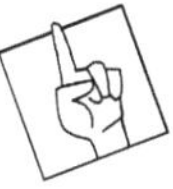

Die Geräte an den einzelnen Stationen können beliebig gewählt, ausgetauscht oder ergänzt werden. Der zweite Durchgang könnte auch als Wettkampf absolviert werden: Pro Strecke (20–25 m) erhalten die Schüler dann einen Punkt. Zwischen den Wechseln findet deshalb eine kleine Pause zum Notieren der Punkte statt. Der Schüler oder die Gruppe mit den meisten Punkten gewinnt. Die Gruppen sollten jedoch möglichst homogen sein.
Genügend Abstand zwischen den einzelnen Stationen muss dringend beachtet werden.

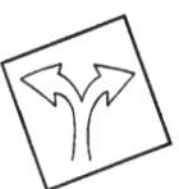

Jeder Schüler kann die Intensität der Übungen selbst wählen.

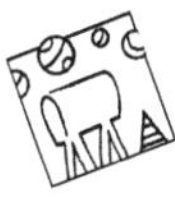

Pylonen, Hockey-/Floorballschläger und Bälle, Gymnastikreifen, Tennis-/Badmintonschläger und Bälle/Shuttles, Zeitungen, Fußbälle, Springseile, Musik

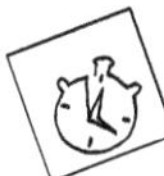

25–45 Minuten

39. Buchstabenlauf 9/10

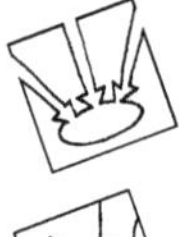

Intervallmethode – Grundlagenausdauer – Einzel-/Partnerarbeit

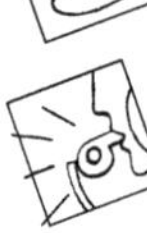

Das Spiel „Buchstabenlauf“ eignet sich sehr gut als Kennenlernspiel zu Beginn des Schuljahres oder zur Erwärmung in höheren Klassen. In der Mitte der Sporthalle oder an einem zentralen Ausgangspunkt im Außengelände wird eine Kiste aufgestellt, in der sich Karten befinden, auf die Schlagwörter, wie z. B. „Traumreiseziel“, „Lieblingsstar“, „liebste Sportart“, „Geburtsort“ etc., aufgedruckt sind.

In der Halle oder im Außengelände sind zudem überall an Gegenständen oder Wänden Buchstabenkarten angebracht. Leitet die Lehrkraft die Übung an, nennt diese an dem zentralen Ausgangspunkt ein Schlagwort. Daraufhin laufen alle Schüler einzeln los, um die Buchstabenkarten in der richtigen Reihenfolge mit der Hand während des Laufens zu berühren. So buchstabieren sie ihre jeweilige Antwort auf das Schlagwort, wie z. B. das Wort „Tennis“ bei der Frage nach der liebsten Sportart.

Bei einer Partnerarbeit nehmen sich die Paare die Schlagwortkarten aus einem kleinen, umgedrehten Kasten heraus und laufen dann die Buchstaben gemeinsam ab. Hier gibt es zwei Varianten. Entweder laufen beide gemeinsam und buchstabieren zunächst ein Wort und dann das nächste oder sie buchstabieren ihre Wörter abwechselnd. Die Paare nennen sich die jeweiligen Lösungen, wenn sie zurück am zentralen Ausgangspunkt sind. Hier kann dann auch der Partner gewechselt werden.

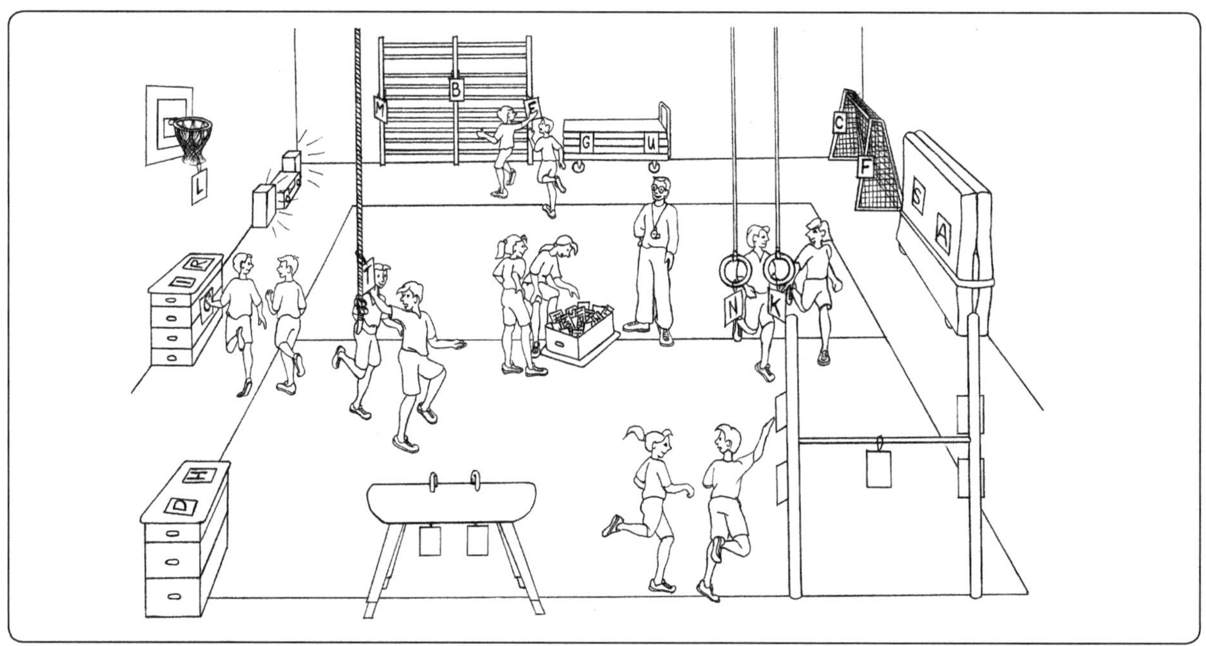

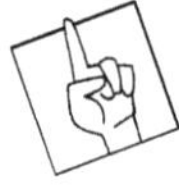

Findet diese Übung in freier Partnerarbeit statt, sorgt Musik für eine motivierende und lockere Stimmung.

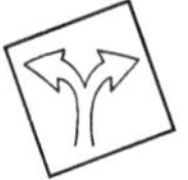

Jeder Schüler kann sein Tempo frei wählen. Weiterhin ist die Wahl des Wortes frei. Leistungsschwächere Schüler denken sich kürzere Wörter aus. Leistungsstarke Paare können ihre Wörter gleichzeitig erlaufen und müssen sich dann während des eigenen Laufes zusätzlich gegenseitig beobachten.

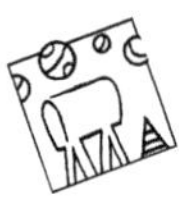

kleiner Kasten, Karten mit Schlagwörtern, Buchstabenkarten, Musik, Befestigung mit Klebeband oder Schnur

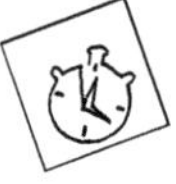

15–20 Minuten

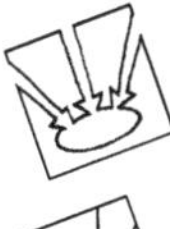

Wettkampfmethode – Grundlagen-/Kraftausdauer – Gruppenarbeit

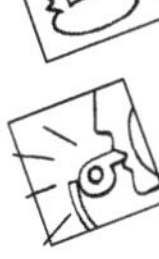

Zu Beginn werden die Schüler in Gruppen von höchstens vier Schülern eingeteilt. Jede Gruppe denkt sich einen Teamnamen und einen passenden Schlachtruf aus. Nach dem Startsignal wird eine Zahl gewürfelt, welche auf einem Arbeitsbogen festgehalten und dann im „Nummernfeld" gemeinsam gesucht werden muss. Die Nummern liegen umgedreht in einem abgesteckten Bereich und dürfen nur einzeln gewendet werden. Hat ein Gruppenmitglied die richtige Zahl gefunden, ruft es das Team zu sich. Alle müssen nun an dieser Nummer gemeinsam den Schlachtruf ausrufen und erst dann die Zahlenkarte wieder umdrehen, bevor es zurück zum Würfeln geht. Die nächste gewürfelte Zahl wird nun zur vorherigen Zahl addiert, wodurch die nächste gesuchte Zahl entsteht. Dieser Vorgang wiederholt sich, bis die Zahl 50 erreicht wurde.

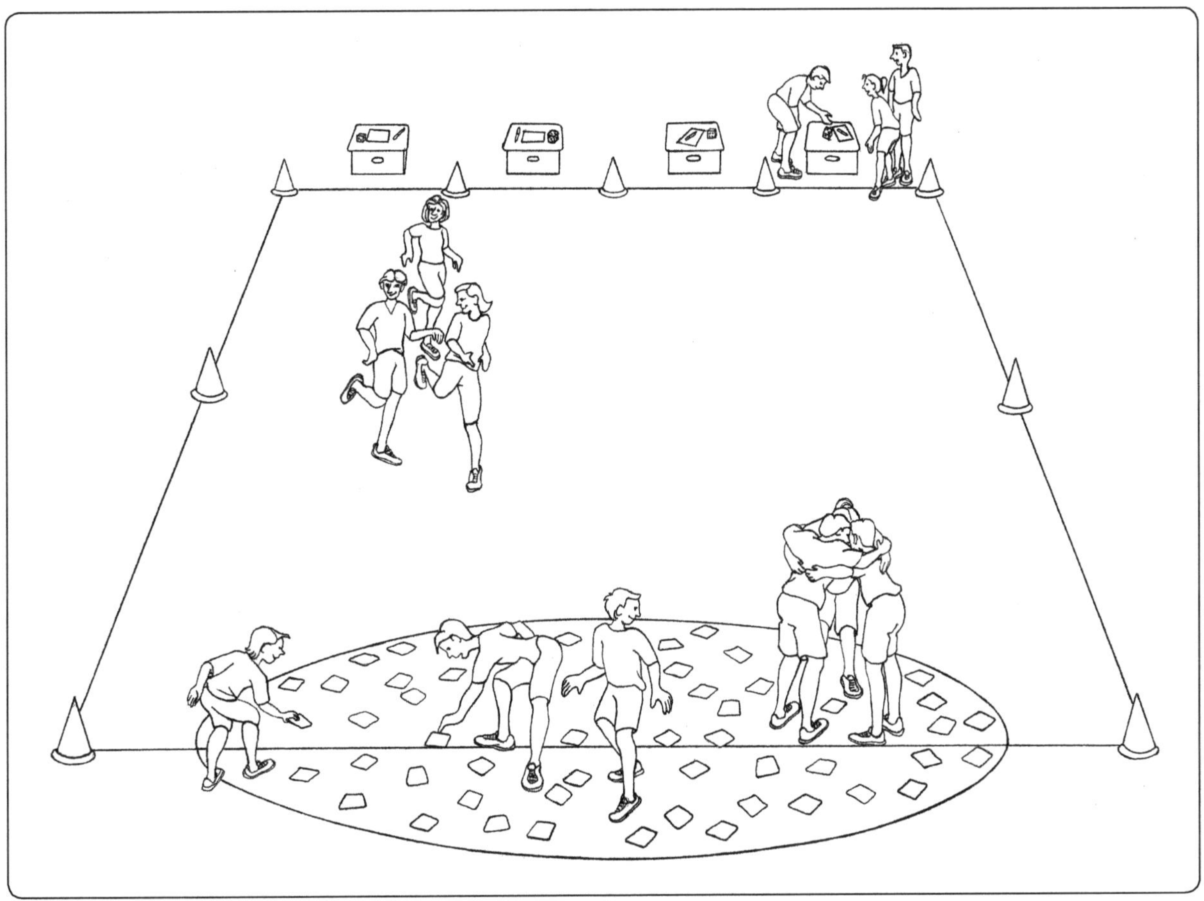

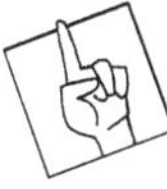

Während der Zahlensuche können die Schüler allein agieren; ist die richtige Zahl jedoch gefunden, muss der Schlachtruf gemeinsam vollzogen werden.
Wird eine falsche Nummer umgedreht, muss die Karte gleich wieder umgedreht werden, damit die Suche für alle Beteiligten gleich schwierig ist.

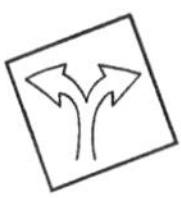

Die Teams sollten in ihrer Ausdauerleistung möglichst homogen zusammengesetzt sein.
Zu Beginn wird der Name der Teams auf dem Spielbogen eingetragen. Jede Gruppe führt ihren Schlachtruf einmal vor dem Start vor.

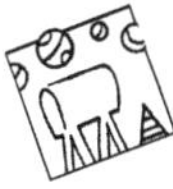

Pylonen, Spielbögen, Würfel, Stifte, Zahlenkarten (Bierdeckel), Arbeitsbogen (Vorlage im Anhang S. 78)

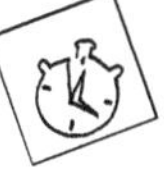

10–15 Minuten

Dauermethode – Grundlagen-/Langzeitausdauer – Einzel-Gruppenarbeit

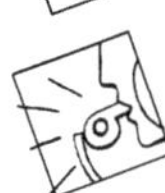

Eine Ausdauervariante, die jeder betreiben kann, ist das „Walking“ bzw. das „Nordic Walking“. Für leistungsschwächere Schüler ist diese Sportart eine Einstiegsmöglichkeit zum Joggen, andere Schüler erfahren insbesondere durch den aktiven Stockeinsatz bei dem „Nordic Walking“ als Ganzkörpertraining eine neue Form von Ausdauersport. Werden diese Sportarten in der Schule ausgeübt, muss die Lehrkraft die Schüler für die richtige Technik sensibilisieren. Weiterhin sollte eine attraktive Laufstrecke, wie z. B. in einem Waldstück, an einem See, in einem Park etc., gewählt werden.

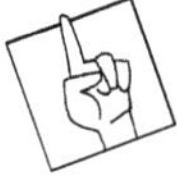

Wichtige Aspekte des Ein- und Ausatmens können bei den ersten Übungen nochmals wiederholt werden.

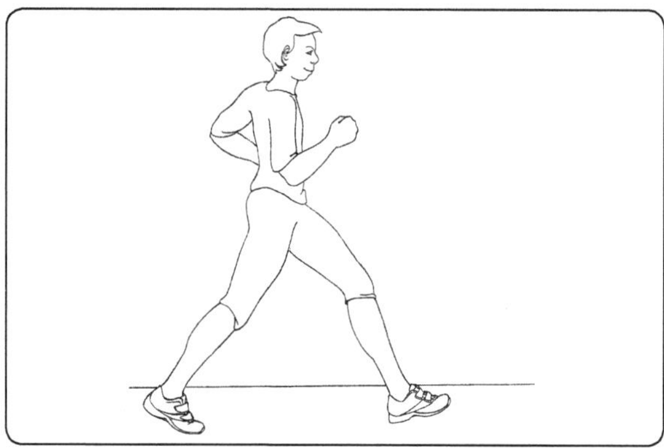

Walking

1. aufrechte Körperhaltung
2. große Schritte bei leicht gebeugtem Knie
3. Abrollen über den ganzen Fuß
4. Schultern locker
5. Arme leicht angewinkelt und gegengleich mitschwingen
6. Fußspitzen und Blick sind nach vorn gerichtet

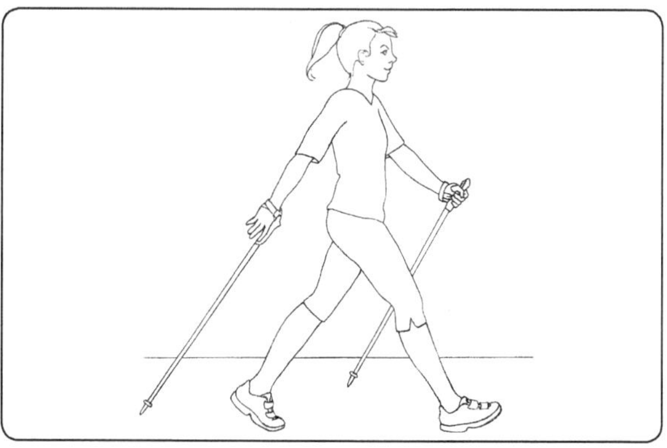

Nordic Walking

1. aufrechte Körperhaltung
2. große raumgreifende Schritte
3. Abrollen über den ganzen Fuß
4. Stöcke nah am Körper mit langem Arm
5. Schließen der Hand mit aktivem Stockeinsatz und leichtem Abdrücken nach hinten
6. Öffnen der Stockhand hinter dem Körper während des Abstoßens

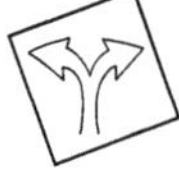

Die Nordic-Walking-Stöcke sind in vielen Familien vorhanden, Lauftreffs in den Städten bieten Kurse an und auch die Krankenkassen und Sportvereine unterstützen diese Sportart, indem sie Stöcke verleihen.

Bei der Auswahl muss eventuell innerhalb der Klasse getauscht werden. Die Faustformel lautet: Körpergröße in cm × 0,66 = Länge der Stöcke. Der Deutsche Leichtathletik-Verband bietet neben den Laufabzeichen auch Nordic-Walking-Abzeichen an (www.leichtathletik.de; s. Kapitel 48).

Ist die Laufstrecke der Lerngruppe bekannt, sollten die Schüler in möglichst leistungshomogene Gruppen aufgeteilt sein. Die Lehrkraft sollte zudem leistungsschwächere Schüler besonders unterstützen und leistungsstärkere dazu motivieren, aktiv Erfahrungen in diesen Sportarten zu sammeln.

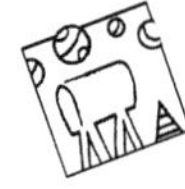

Nordic-Walking-Stöcke

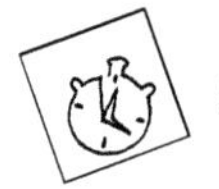

30–40 Minuten

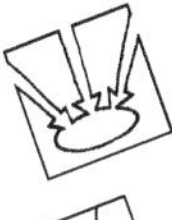

Intervallmethode – Grundlagenausdauer – Einzel-/Partnerarbeit

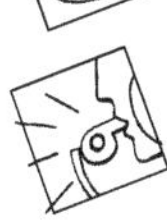

Die Methode „Bike and run“ kombiniert das Radfahren und das Laufen abwechselnd in einer Partnerarbeit. Viele Schüler kommen mit dem Fahrrad zur Schule und haben dieses Sportgerät täglich dabei. Bei rechtzeitiger Ankündigung sollte es möglich sein, mindestens die Hälfte der Klasse mit einem Fahrrad auszustatten. Die Schüler werden in Paare aufgeteilt. Diese müssen nun eine vorab festgelegte Strecke anhand einer Karte, die z. B. mit Google Maps angelegt wurde, gemeinsam absolvieren, wobei nur einer der beiden Schüler mit dem Fahrrad unterwegs sein kann und der andere laufen muss. Auf der Strecke können beide jederzeit und so oft wechseln, wie sie es ökonomisch für sinnvoll erachten. Auf dem Fahrrad wird somit eine kurze Pause zur Erholung nach dem Laufen eingelegt.

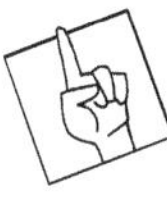

Die zu absolvierende Strecke sollte vom Lehrer vorher getestet werden. Am besten eignen sich Radwege in der Nähe der Schule, um starkem Verkehr auszuweichen. Bei Google Maps gibt es die Option, Radwege anzeigen zu lassen. Da die Schüler ein Fahrrad dabei haben, können sie gern etwas zu trinken auf die Strecke mitnehmen.

In einer Doppelstunde könnte die Übung durch eine erste gemeinsame Einheit im Schwimmbad erweitert werden. Schwimmen als Ausdauersportart würde dann einen „Triathlon“ komplettieren.

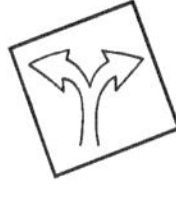

Jeder Schüler kann seine Belastung individuell steuern und in seinem „Wohlfühltempo“ laufen. Wird die Belatung zu groß, erfolgt der Wechsel auf das Fahrrad oder das Pärchen legt eine kurze, gemeinsame Pause ein.

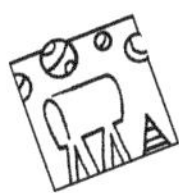

Karte der Lauf-/Fahrstrecke, Fahrräder

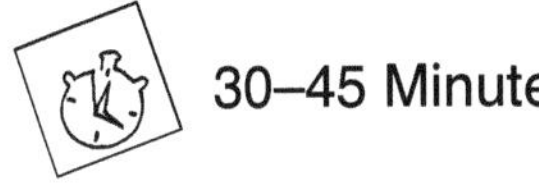

30–45 Minuten

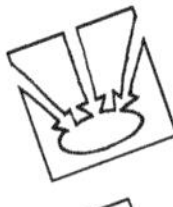

Wettkampf-/Intervallmethode – Grundlagen-/Langzeitausdauer – Gruppenarbeit

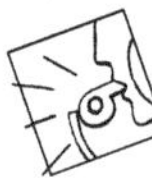

Schwierigere und organisatorisch aufwendigere Varianten des Orientierungslaufs setzen voraus, dass eine Ausdauerleistungsfähigkeit vorhanden ist, und eignen sich somit eher für die höheren Jahrgänge. Der Grundgedanke des Orientierungslaufes ähnelt dem einer „Schnitzeljagd". Die Vorbereitung der einzelnen Stationen dieser „Schnitzeljagd" kann auch den Schülern als Hausaufgabe oder als besondere Leistung überlassen werden.

Das mögliche Gelände, die Länge der Strecke sowie die ungefähre Anzahl der Stationen sollten vorab besprochen werden. Zudem sollte die Planungsgruppe die Strecke mindestens einmal selbst abgelaufen haben, um in Verbindung mit der Lösung von Aufgaben eine Gesamtzeit einschätzen zu können.

Alle Kleingruppen (drei bis fünf Schüler) starten leicht zeitversetzt in Abständen von ca. 5 Minuten. Beim Start erhalten die Gruppen ihre erste Aufgabe samt Karte (Google Maps), die sie zur nächsten Station führt. Die Aufgaben und die zu laufende Strecke sollten zwar miteinander verbunden sein, der Weg ins Ziel muss jedoch auch ohne Lösung einer oder mehrerer Aufgaben ersichtlich sein.

Mit jeder richtigen Lösung erhalten die Gruppen Zeitgutschriften auf die Gesamtzeit (z. B. 1 Minute). Folglich kann die „Schnitzeljagd" auf mehreren Wegen gewonnen werden. Als Aufgaben eignen sich kleine Rätsel, Suchaufträge nach Namen, Schildern oder auch nach Gegenständen, die mitgenommen werden müssen, sowie Wissensfragen etc. Diese hängen laminiert und gut sichtbar an festen Stationen. Die richtige Lösung wird dann auf einer Laufkarte notiert oder mitgenommen. Die Wegbeschreibung zur nächsten Station findet sich immer an der zuvor gefundenen Station, durch eine weitere Karte, eine Wegbeschreibung oder spezielle Hinweise. Die schnellste Gruppe gewinnt die „Schnitzeljagd".

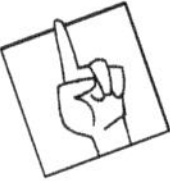

Da die Schüler in Gruppen laufen und auch auf den langsamsten Läufer warten müssen, ist für eine gewisse Sicherheit gesorgt. Weiterhin sollte jede Gruppe ein Handy mitnehmen und über die Nummer der Schule und der Lehrkraft verfügen.

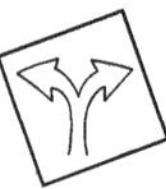

Falls Schüler von Beginn an Probleme mit der Ausdauer haben, können diese eine Gruppe mit dem Fahrrad begleiten. Ansonsten muss den Gruppen bewusst sein, dass sie aus Rücksicht auf leistungsschwächere Schüler in der Lage sein müssen, die „Schnitzeljagd" jederzeit abzubrechen.

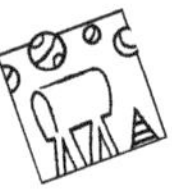

Karte der Umgebung, Laufkarte, Handy, Rätselkarten für Stationen

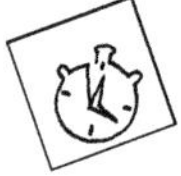

30–45 Minuten

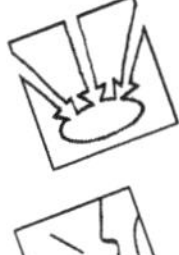

Wettkampf-/Intervallmethode – Grundlagen-/Langzeitausdauer – Gruppenarbeit

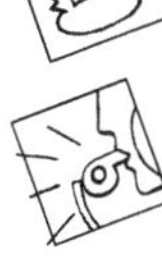

Orientierungsläufe sind als zusätzliche Gruppen- oder Klassenaufgabe sehr gut für Sportfeste oder Sporttage geeignet. Dazu bietet sich eine einfachere Variante der „Schnitzeljagd“ im Hinblick auf Organisation und Sicherheit an.
Bei dieser müssen die Gruppen (drei bis fünf Schüler) nach jeder erlaufenen Station zu einem Start-Zielpunkt zurückkehren. Deshalb ist auch der Radius des Streckenareals kleiner und die Lehrkraft hat eine höhere Kontrolle über die gesamte Klasse.
Im Vorfeld müssen dennoch kleine Stempel im Umkreis von ca. 500 m bis 1000 m an gut einsehbaren Punkten aufgehängt werden. Diese dienen dem Abstempeln der Laufkarte durch die Schüler. Durch die Wahl der Strecke kann die Lehrkraft die insgesamt zu laufenden Kilometer schnell errechnen, da jede Strecke denselben Hin- und Rückweg hat.
Jedes Team erhält eine andere Reihenfolge der Stationen auf der Laufkarte, welche eingehalten werden muss. Die Gruppen können so gleichzeitig starten, laufen zum Zielort, setzen den Stempel auf die Laufkarte und laufen zurück. Am Start-Zielpunkt müssen die Schüler dem Lehrer kurz den Stempel vorzeigen. Danach geht es weiter zur nächsten Station etc. Das schnellste Team gewinnt den Lauf.

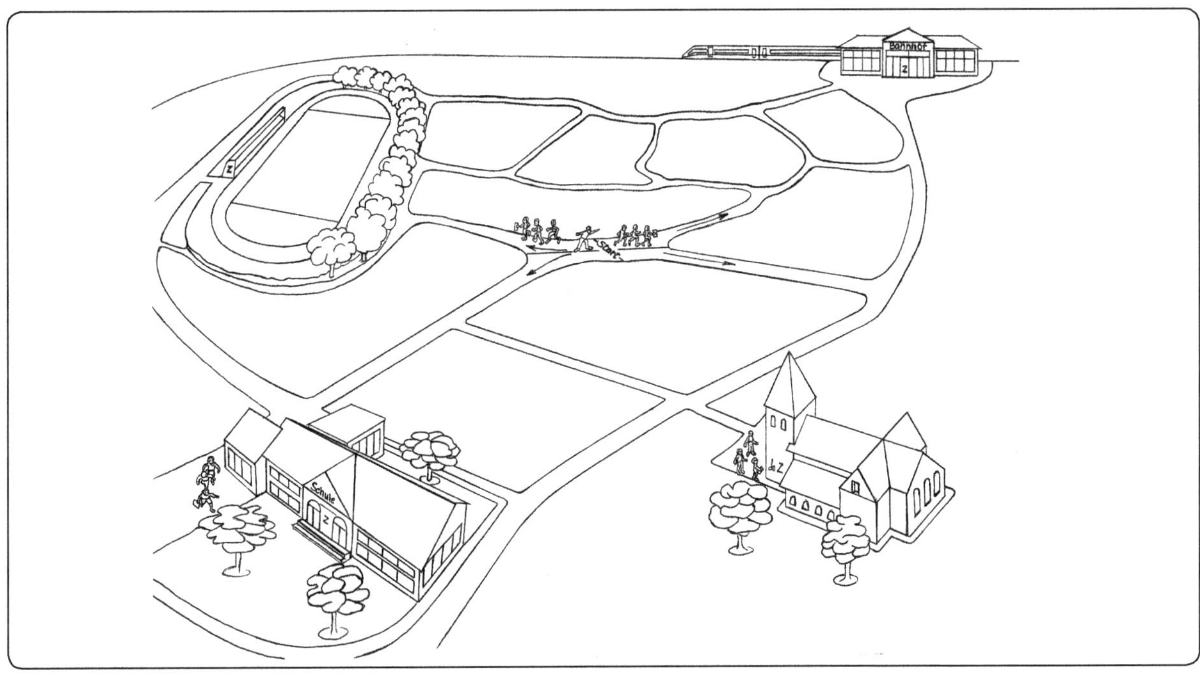

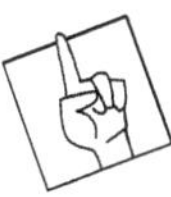

Die Entfernungen sind variabel zu handhaben und sollten sich an der allgemeinen Leistungsfähigkeit der Lerngruppe orientieren. Natürlich kann auch diese Variante verändert werden, z. B. durch selbst gewählte Laufwege der Schüler, einen versetzten Start oder durch das Sammeln der Stempel bis zum Zieleinlauf. Die Stempel aus Plastik mit integriertem Stempelkissen gibt es im Fachhandel günstig zu erwerben.

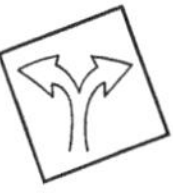

Nach jeder der einzeln abzulaufenden Stationen darf ein Mitglied der Gruppe eine Runde aussetzen und am Start-Zielpunkt bei der Lehrkraft eine Erholungspause einlegen, um dann auf dem Weg zur nächsten Station wieder einzusteigen.

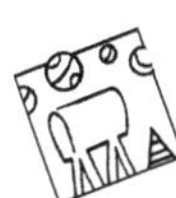 Karte der Umgebung, Laufkarte (Vorlage im Anhang S. 79), Stempel 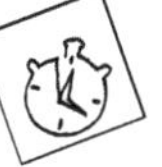 30–45 Minuten

Wettkampf-/Intervallmethode – Grundlagen-/Langzeitausdauer – Gruppenarbeit

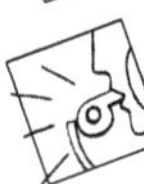

Eine weitere Möglichkeit, Orientierungsläufe in den Sportunterricht einzubauen und eine Vorstufe des Geocaching (s. Übung 46) einzuführen, bietet die „Schatzsuche“ im umliegenden Schulgelände. Die Schüler laufen in Gruppen (sechs bis acht Schüler) und werden jeweils mit fünf Gegenständen (z. B. Bänder, Pylonen, laminierte Schilder, Tennisbälle etc.) ausgestattet. Weiterhin bekommen alle Gruppen eine Karte der näheren Umgebung des Schulgeländes, z. B. aus dem Internet.

In der ersten Runde läuft jede Gruppe (ca. 20–25 Minuten) eine selbst gewählte Strecke durch das vorab besprochene Areal. Hier werden nun die Gegenstände, nicht allzu schwer auffindbar, versteckt und die jeweilige Position in der Karte markiert. Anschließend tauschen die Gruppen am Start-Zielpunkt auf dem Schulgelände ihre Karten. Jede Gruppe muss die vorgegebenen Gegenstände nun nach einem Startsignal des Lehrers suchen, finden und mitnehmen. Die Reihenfolge der zu erlaufenden Objekte ist den Schülern als Orientierungsaufgabe überlassen. Gewonnen hat die Gruppe, die in der kürzesten Zeit alle Gegenstände gefunden und zum Ziel zurückgebracht hat.

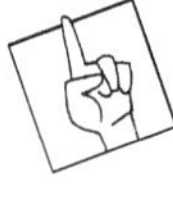

Die Gruppen müssen klare Anweisungen und Sicherheitshinweise erhalten: Es wird immer gemeinsam in der Gruppe gelaufen. Alle Gegenstände sollen fair versteckt werden und nach kurzer Zeit auffindbar sein. Eine gewisse Reife der Schüler muss für diesen Lauf Voraussetzung sein.

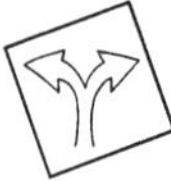

Wenn die Teams drei Markierungen gefunden haben, könnten sie zwei Läufer mit den gesammelten Gegenständen zurück zum Start-Zielpunkt schicken.

Jede Gruppe könnte weiterhin, wenn sie an einem markierten Ort angekommen ist, einmalig einen Schüler als Joker zum nächsten Punkt vorschicken.

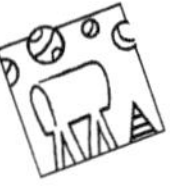

Karte vom Gelände, Stifte, Gegenstände (z. B. Bänder, kleine Bälle, Pylonen etc.)

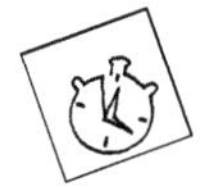

40–60 Minuten

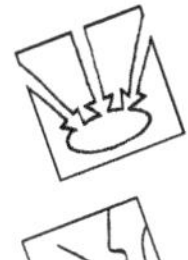

Dauer-/Intervallmethode – Grundlagen-/Langzeitausdauer – Gruppenarbeit

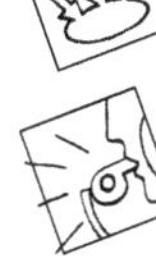

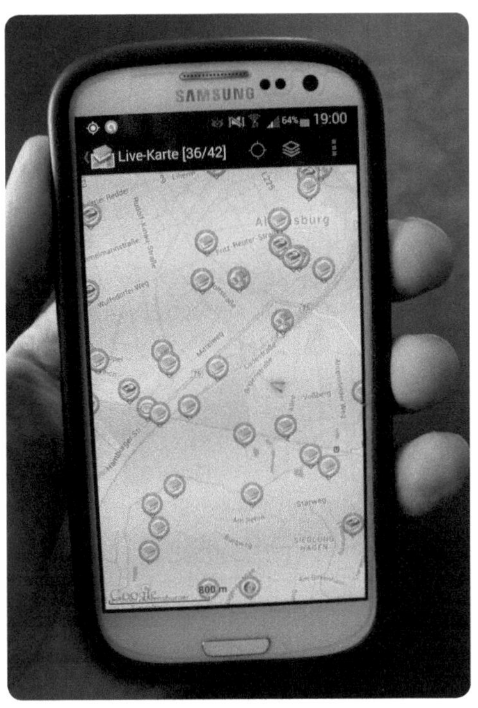

Eine moderne Form des Orientierungslaufs ist das sogenannte Geocaching. Diese „Schatzsuche“ mithilfe eines GPS-Gerätes war ursprünglich nicht für das Ausdauertraining gedacht. Es ist eine Outdoor-Sportart, bei welcher eher das Wandern und Suchen im Vordergrund steht. Dabei geht es darum, Schätze zu finden, die jemand anderes an einem ungewöhnlichen Ort in einem Cache versteckt und mit GPS-Koordinaten versehen hat. Im kleinen Rahmen ist das Geocaching jedoch eine motivierende Möglichkeit, Schüler für Ausdauersport in Verbindung mit Anstrengungen zu begeistern.

Zunächst benötigt man ein internet- und GPS-fähiges Handy und einen Cache. Das ist ein meist wasserdichter Behälter, in dem man kleine Rätsel, Tauschgegenstände und eine Art Cache-Tagebuch findet. Man benötigt für die Suche die genauen Koordinaten und einen GPS-Empfänger, wie z. B. in Form eines Smartphones. Es gibt sowohl für Apple-Handys als auch für Android-Handys kostenlose Geocaching-Apps. Wer einen Cache gefunden hat, trägt sich in der Regel in das darin befindliche Logbuch ein, entnimmt den Tauschgegenstand und legt einen neuen hinein. Weitere Grundregeln und Informationen kann man im Internet, z. B. bei www.geocaching.de oder www.opencaching.de, finden und sich dort kostenlos anmelden.

Die Unterrichtseinheit bedarf einiger Planung und mehrerer Einzel- bzw. Doppelstunden. Zur Einführung sollte man den Schülern das Geocaching anhand einiger YouTube-Videos näherbringen, theoretische Hintergründe erklären und die technischen Voraussetzungen organisieren. In der zweiten Doppelstunde lässt sich die Suche dann mithilfe eines in der Nähe liegenden Caches mit den Schülern beispielhaft durchgehen.

Ab der dritten Doppelstunde kann es losgehen. Die Schüler sollten während der Suche mindestens in Dreiergruppen unterwegs sein. Die erste Suche nach Caches sollte vom Lehrer initiiert werden. Sie ist hinsichtlich der Organisation mit dem vierten Orientierungslauf 4 (s. Übung 45) vergleichbar. Statt der Stationen sind es nun jedoch Koordinaten, welche laufend mithilfe von Aufgaben gefunden werden müssen.

In weiteren Doppelstunden kann man die einzelnen Gruppen nun mit fertigen Listen eigene Caches für die nähere Umgebung planen und verstecken lassen. Zum Abschluss der Unterrichtseinheit suchen alle Gruppen in einer letzten Doppelstunde gegenseitig ihre Caches.

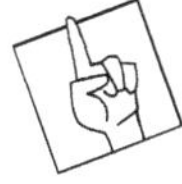

Wichtige Sicherheitsregeln im Straßenverkehr, zu hohe Risiken beim Verstecken bzw. Suchen oder Wetterbedingungen sollten vorab besprochen werden.

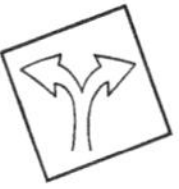

Die Lehrkraft sollte relativ sicher im Umgang mit Technik und dem Geocaching-Prinzip sein, damit sie den Schülern jederzeit beratend zur Seite stehen kann. Einige Schüler sind bestimmt sehr schnell mit dem Thema vertraut und können als Helfer andere Gruppen unterstützen.

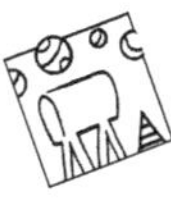

Karte der näheren Umgebung, Caches, Smartphones mit GPS-Funktion, Stifte

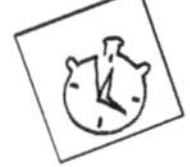

mehrere Unterrichtsstunden à 45–90 Minuten

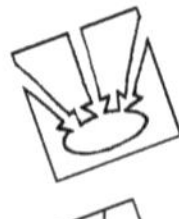

Wettkampfmethode – alle Ausdauerformen – Einzelarbeit

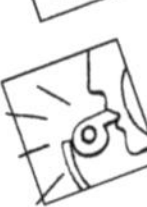

Zum Abschluss einer Unterrichtseinheit zum Bereich der Ausdauer gibt es zahlreiche Möglichkeiten, die Ausdauerfähigkeit der Schüler zu testen. Die Faustformel, dass das eigene Alter in Minuten durchgängig gelaufen werden sollte, dient in den oberen Jahrgängen der Sekundarstufe I nur noch als grobe Orientierung für Untrainierte.
In den Jahrgängen 7 und 8 sollte es Schülern möglich sein, zwischen 25 und 30 Minuten und in der 9. und 10. Jahrgangsstufe zwischen 35 und 40 Minuten ohne Pause im „Wohlfühltempo" zu laufen. Diese Form der Ausdauer kann durch das Laufabzeichen des Deutschen Leichtathletik-Verbandes getestet werden (s. Übung 48). Im Folgenden werden drei Testverfahren vorgestellt, die auch die Lebenswelt der Schüler im Hinblick auf bevorstehende Eignungstests, z. B. bei der Bundeswehr, der Polizei oder für Schiedsrichterprüfungen, einbeziehen und zudem die maximale Ausdauerfähigkeit berücksichtigen.

Cooper-Test
Das Testverfahren wurde nach dem amerikanischen Sportmediziner Kenneth H. Cooper benannt. Es ist sowohl als Test der allgemeinen Ausdauer, z. B. bei der Bundeswehr und der Polizei, renommiert als auch zur Notenvergabe in Schulen, z. B. bei Abiturprüfungen im Fach Sport, umstritten. Bei diesem Test wird 12 Minuten gelaufen und dabei müssen die Schüler die größtmögliche Strecke zurücklegen. Wertungstabellen für die Einordnung der Laufleistung nach Geschlechtern und Altersstufen findet man vielfach im Internet.

Basis-Fitness-Test (BFT)
Dieser Test wird bei der Bundeswehr u. a. zur Überprüfung der Ausdauer verwendet und muss einmal pro Jahr von jedem Soldaten abgelegt werden. Im Bereich der Ausdauer wird von den Soldaten auf 1000 m, also einer Mittelstrecke, eine Zeit unter 390 Sekunden erwartet. Hier gibt es verschiedene Punkteskalen bis zur einer Zeit von ca. 170 Sekunden, bei welcher die maximale Punktezahl erreicht wird. Auch hierzu gibt es nähere Informationen im Internet.

Conconi-Test
Bei diesem Testverfahren des italienischen Biochemikers Francesco Conconi soll die Höhe der anaeroben Belastungsgrenze (Deflektionspunkt) getestet werden. Dabei wird auf einer mit Pylonen gekennzeichneten Laufbahn von 200 m Länge eine immer schneller werdende Zeit pünktlich gelaufen und parallel die Herzfrequenz mit Pulsuhren gemessen sowie notiert. Zunächst laufen die Probanden locker in der Runde. Die Geschwindigkeit wird dabei immer um zwei Sekunden pro 200-m-Runde gesteigert.
Hierfür gibt es fertige Tabellen im Internet, da der Testleiter alle 50 m mit einem Pfiff die genaue Zwischenzeit angeben muss, um die Probanden beim Einhalten des Tempos zu unterstützen. Des Weiteren müssen Helfer alle 200 m die Herzfrequenz eines Läufers notieren. Jeder Teilnehmer kann stets aus dem Test aussteigen, falls die Sauerstoffschuld zu groß wird. Ansonsten würde der Test bis zum letzten möglichen Läufer kontinuierlich gesteigert und beendet werden. Die Anforderungen sind äußerst hoch und das Testverfahren eignet sich eher für trainierte und leistungsstarke Schüler.

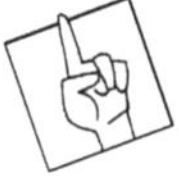

Den Schülern sollte eine Krafteinteilung über Zeit und Strecke bewusst sein. Die Belastungen der drei vorgestellten Tests müssen vorab besprochen werden.

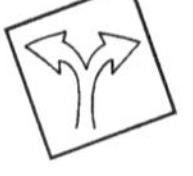

Alle drei Testverfahren können entweder vorzeitig beendet werden oder sind im „Wohlfühltempo" zu absolvieren.

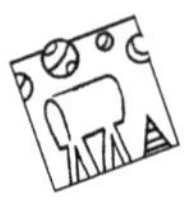

verschiedene Materialien

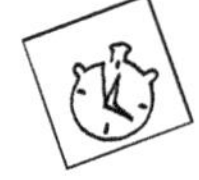

5–30 Minuten

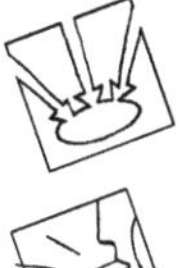

Dauermethode – Langzeitausdauer – Einzelarbeit

Eine Ergänzung und Motivation für das Trainieren der Ausdauer im Schulsportbereich kann das Angebot sein, ein Laufabzeichen des Deutschen Leichtathletik-Verbandes zu absolvieren. Da es auch hier rein um die zu laufende Gesamtzeit geht und eine Streckenlänge oder das Tempo nicht im Fokus stehen, ist der Druck eines Wettkampfes nicht vorhanden. Zu Beginn einer Unterrichtseinheit zum Thema „Ausdauer" könnte dieses Angebot aus dem Breitensport ein gemeinsames Ziel oder ein zusätzliches Angebot an die Schüler sein, wodurch dem Thema eine weitere Ernsthaftigkeit gegeben wird. Lehrkräfte, die Sportunterricht an Schulen erteilen, haben die Berechtigung das DLV-Laufabzeichen abzunehmen. Die Prüfungsrichtlinien sowie weitere Bedingungen zur Bestellung, zu den Kosten und Voraussetzungen können auf der Internetseite des DLV www.leichtathletik.de gefunden werden.

Abzeichen	Stufen	Bedingungen
Silbernes „L" auf grünem Grund	Stufe 1	15 Minuten laufen ohne Pause – Tempo beliebig
Silbernes „L" auf rotem Grund	Stufe 2	30 Minuten laufen ohne Pause – Tempo beliebig
Goldenes „L" auf blauem Grund	Stufe 3	60 Minuten laufen ohne Pause – Tempo beliebig
Silbernes „L" auf lila Grund	Stufe 4	90 Minuten laufen ohne Pause – Tempo beliebig
Blaues „L" auf silbernem Grund	Stufe 5	120 Minuten laufen ohne Pause – Tempo beliebig
Blaues „L" auf goldenem Grund	Stufe 6	Erfolgreiche Teilnahme an einem Marathonlauf – 42.195 m

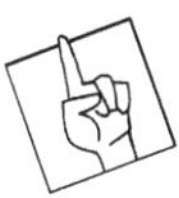

Die Bestellung der Ausweise für die Laufabzeichen muss über die jeweiligen Landesverbände des Deutschen-Leichtathletik-Verbandes erfolgen.

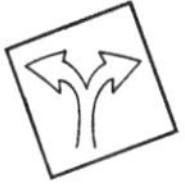

Leistungsstärkere Schüler können schwächeren Schülern hierbei sehr gut helfen, wie z. B. durch die Vorgabe des Tempos oder gemeinsames Laufen, „ohne zu schnaufen". Dadurch lässt sich auch die Motivation steigern.

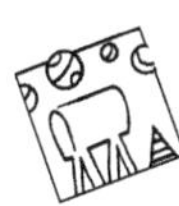

Stoppuhr, Ausweise des DLV

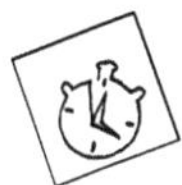

15–120 Minuten

Bahnhofslauf: Arbeitsbogen

Aufgabe: Schafft ihr es, die Runden in einem gleichmäßigen Tempo von der Abfahrt bis zur Ankunft durchzulaufen und dabei die vorgegebene Zeit einzuhalten?

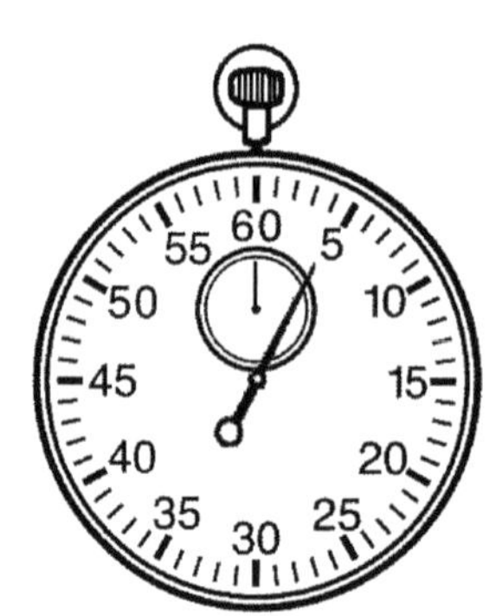

Arbeitet in jeder Gruppe selbstständig an den gestellten Aufgaben.

Bevor ihr startet, entscheidet ihr bei jedem einzelnen Durchgang, wer von euch an erster Stelle die Lok des Zuges ist und das Tempo bestimmt.

Danach bestimmt ihr eine zeitliche Vorgabe für die Runde und versucht, pünktlich wieder in eurem Bahnhof, dem kleinen Kasten, anzukommen.

Die Stoppuhr bleibt nach dem Start auf dem kleinen Kasten liegen. Tragt nach jedem Lauf die Sekunden der Verspätung oder des zu frühen Eintreffens in die Liste ein.

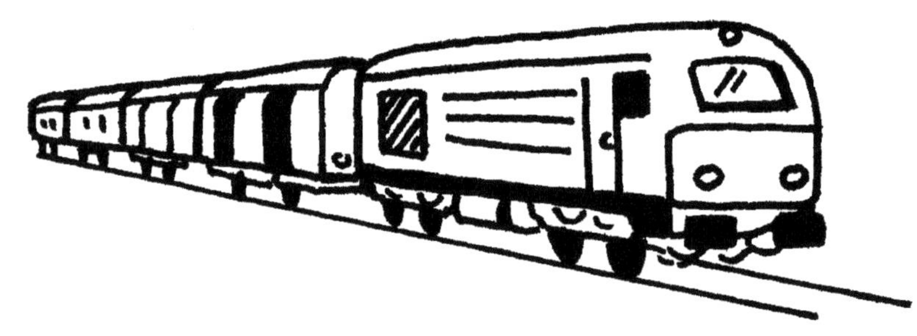

2 Runden in 40 Sek.: ______________________________

1 Runde in 30 Sek.: ______________________________

2 Runden in 50 Sek.: ______________________________

3 Runden in 60 Sek.: ______________________________

2 Runden in 45 Sek.: ______________________________

4 Runden in 70 Sek.: ______________________________

4 Runden in 80 Sek.: ______________________________

5 Runden in 90 Sek.: ______________________________

_ Runden in __ Sek.: ______________________________

_ Runden in __ Sek.: ______________________________

Weltreise: Reisepläne

1. Frankreich ☐ 2. Thailand ☐ 3. Indien ☐ 4. Südafrika ☐ 5. Argentinien ☐ 6. Kanada ☐ 7. Portugal ☐	1. USA ☐ 2. China ☐ 3. Australien ☐ 4. Brasilien ☐ 5. Dänemark ☐ 6. Mexiko ☐ 7. Ghana ☐
1. Ghana ☐ 2. Indien ☐ 3. Kanada ☐ 4. China ☐ 5. USA ☐ 6. Portugal ☐ 7. Frankreich ☐	1. Mexiko ☐ 2. Thailand ☐ 3. Argentinien ☐ 4. Australien ☐ 5. Dänemark ☐ 6. Südafrika ☐ 7. Thailand ☐
1. China ☐ 2. Dänemark ☐ 3. Mexiko ☐ 4. Südafrika ☐ 5. Australien ☐ 6. USA ☐ 7. Ghana ☐	1. Indien ☐ 2. Thailand ☐ 3. Portugal ☐ 4. Kanada ☐ 5. Argentinien ☐ 6. Frankreich ☐ 7. Dänemark ☐

Frankreich

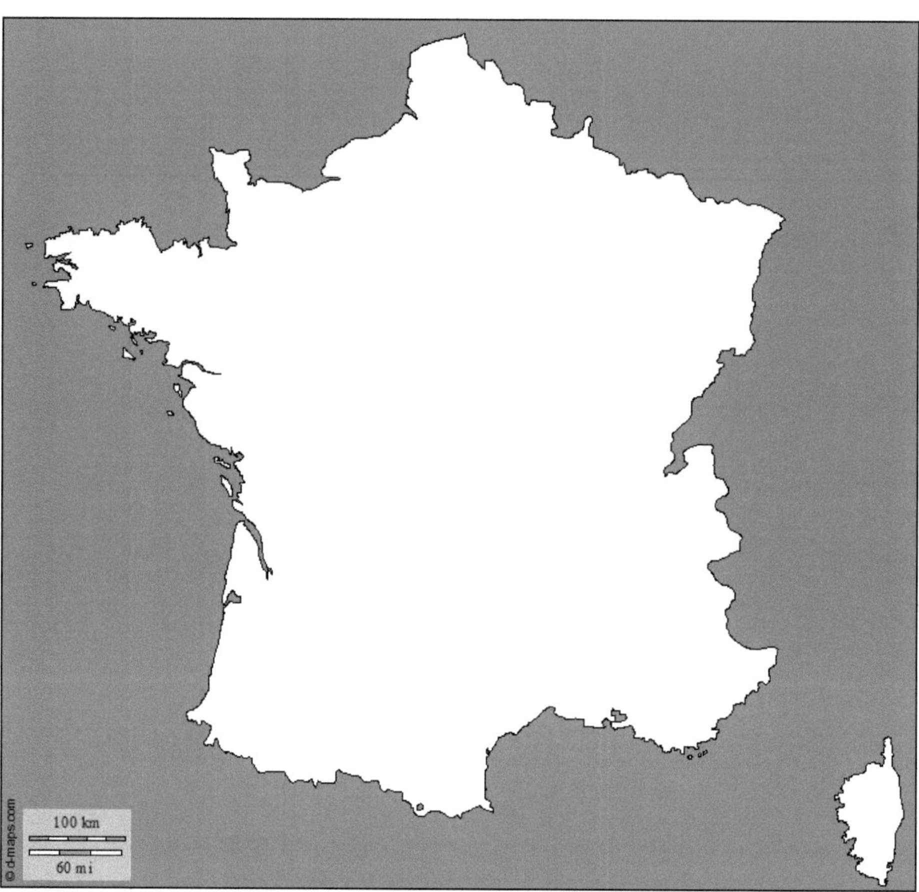

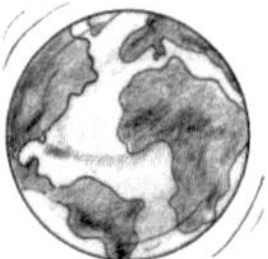

Thailand

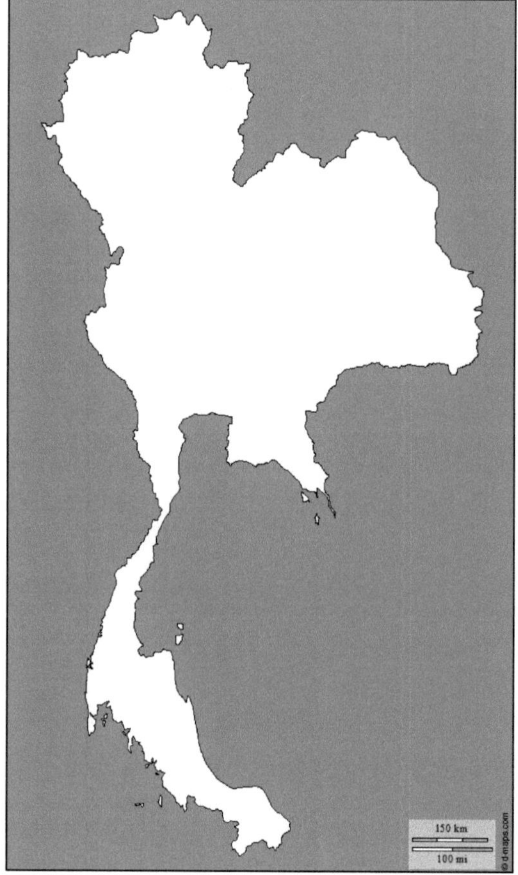

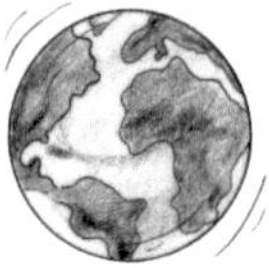

Weltreise: Länderkarten

China

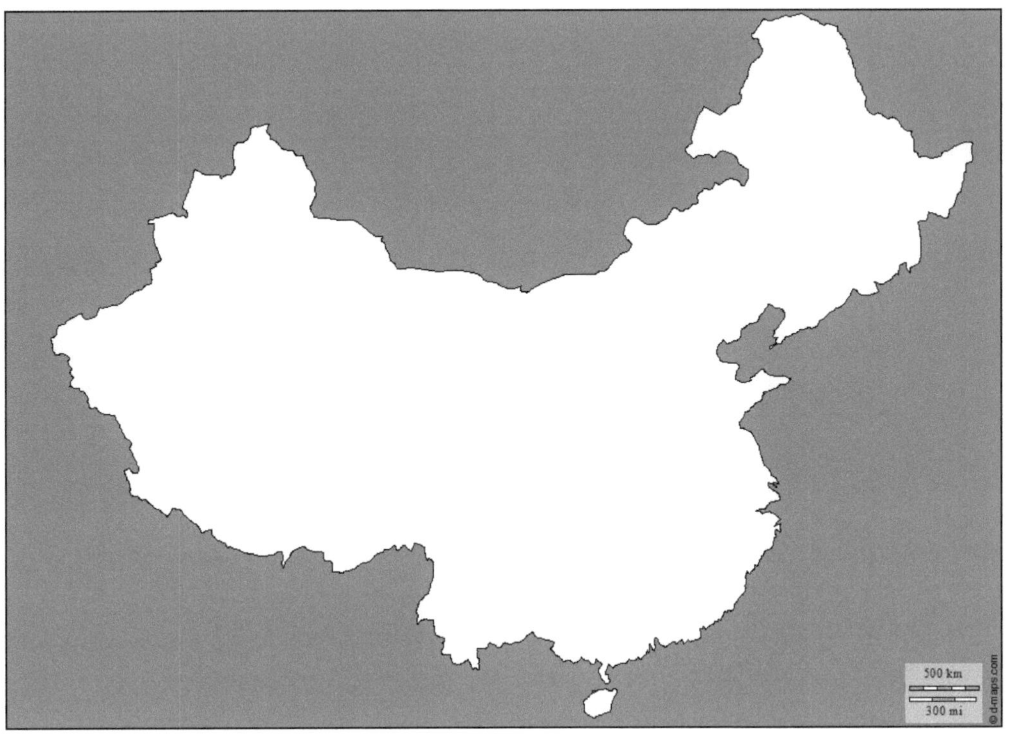

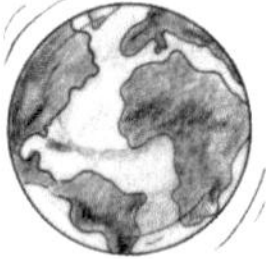

Portugal

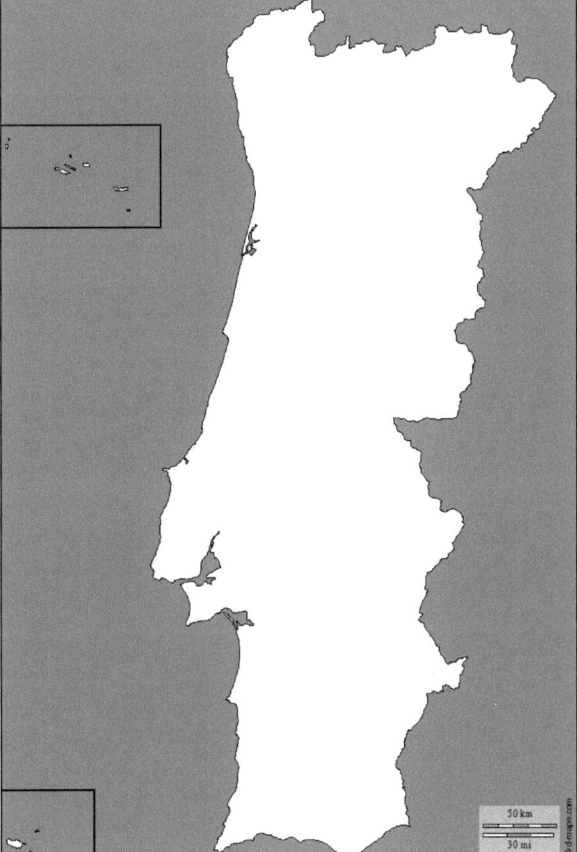

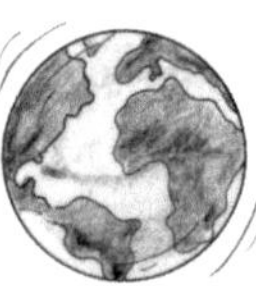

Australien

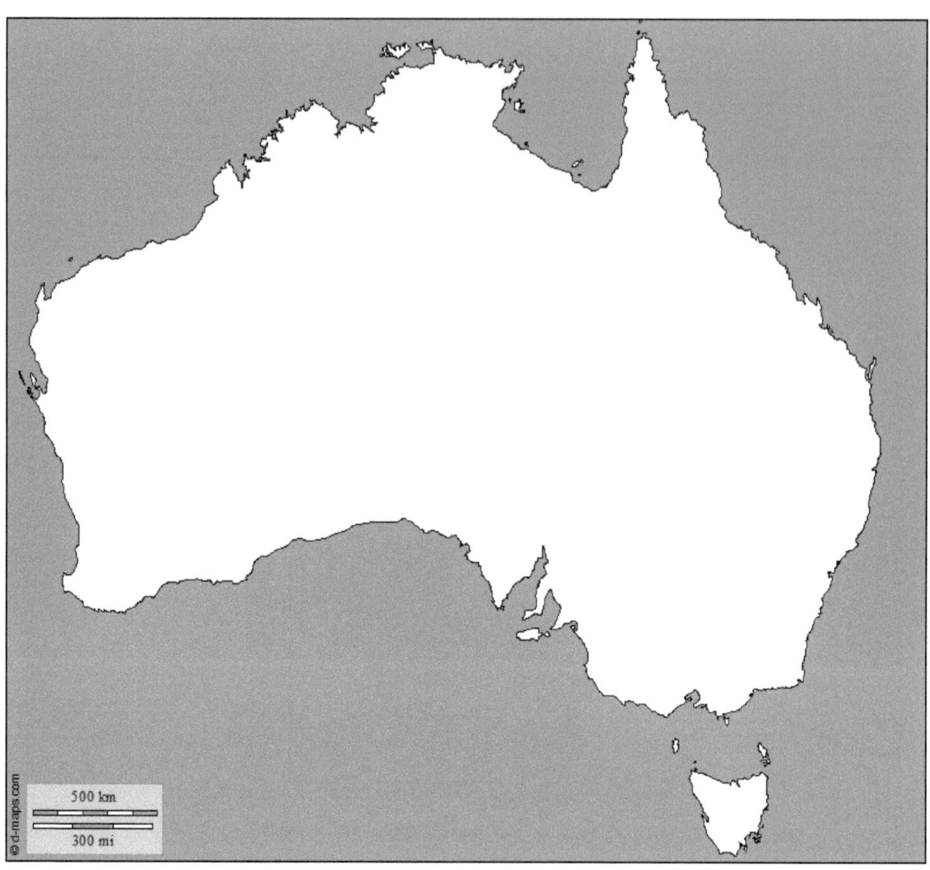

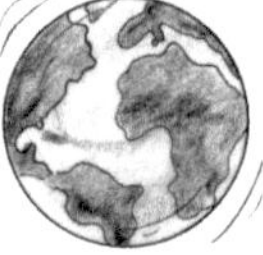

USA

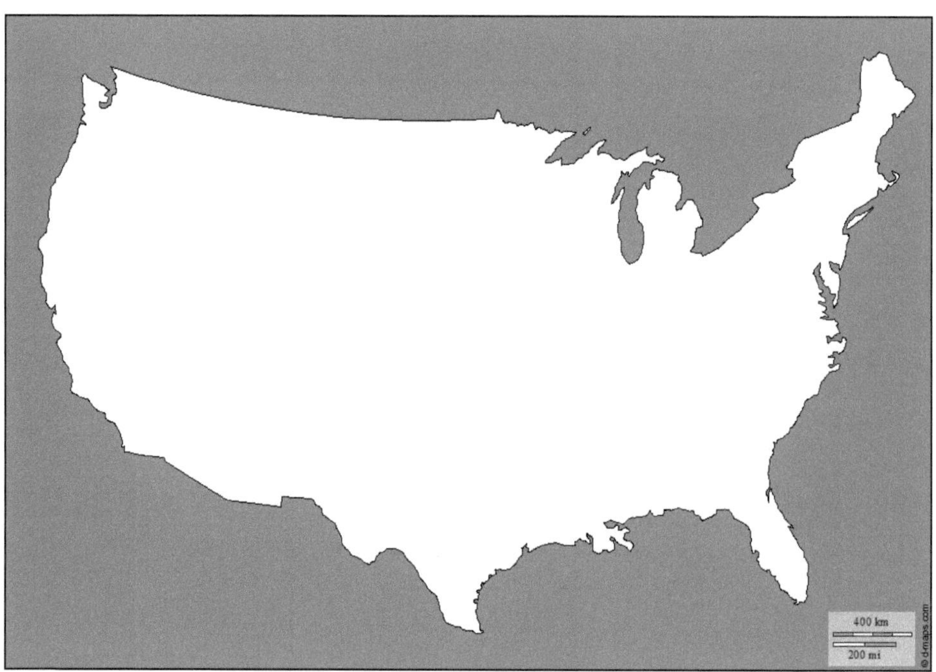

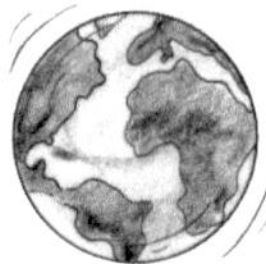

Kanada

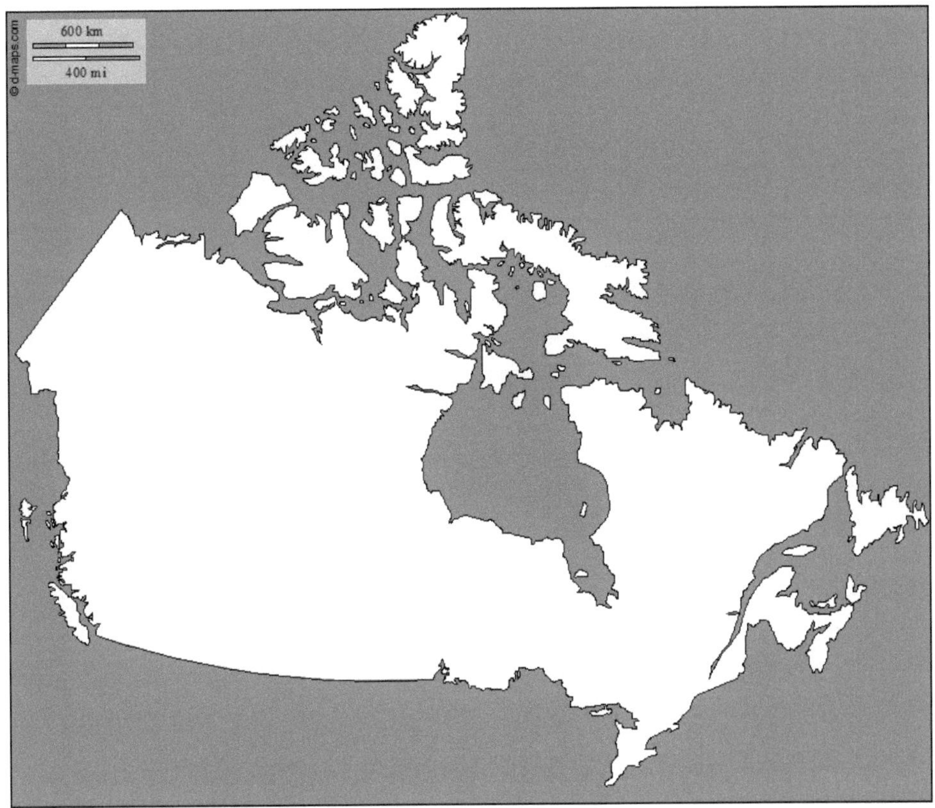

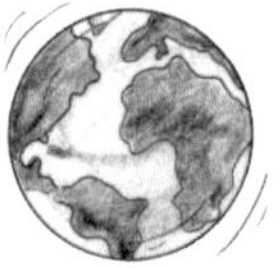

Argentinien

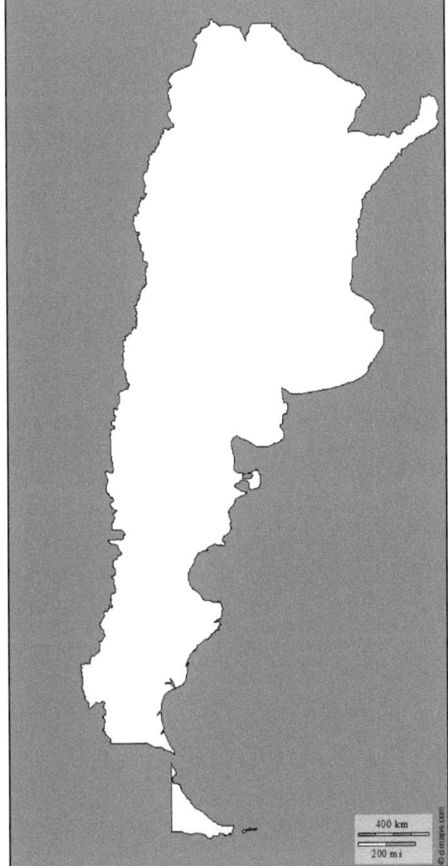

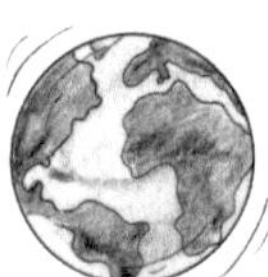

Ghana

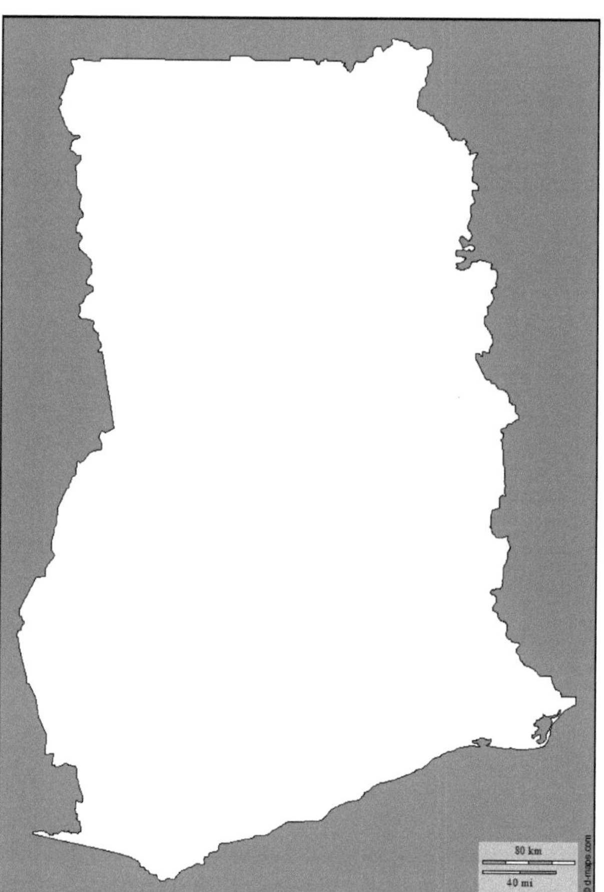

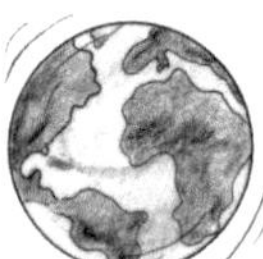

Indien

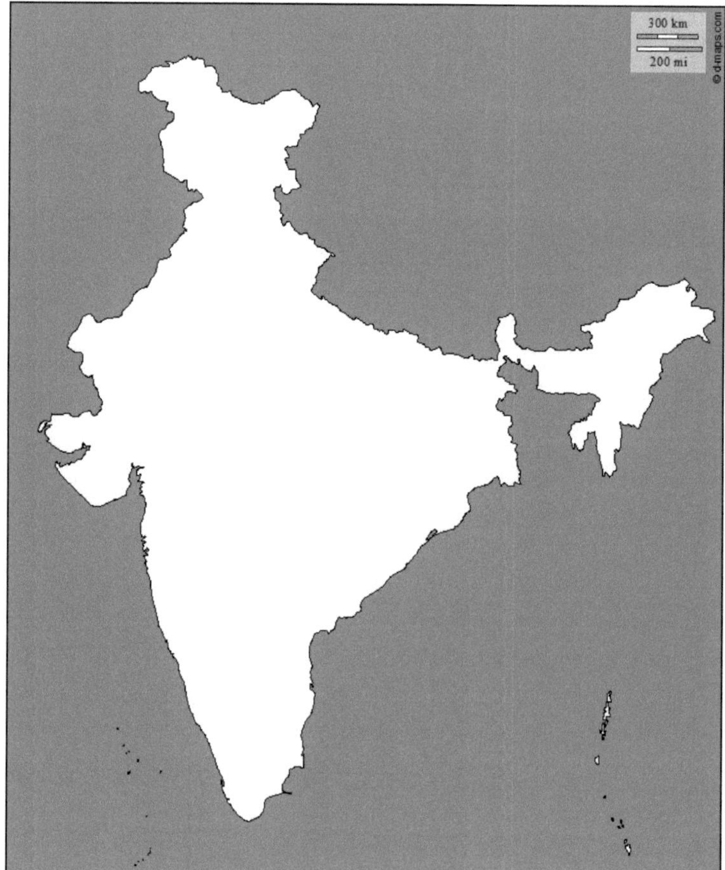

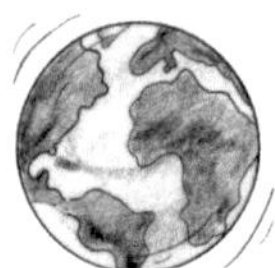

Mexiko

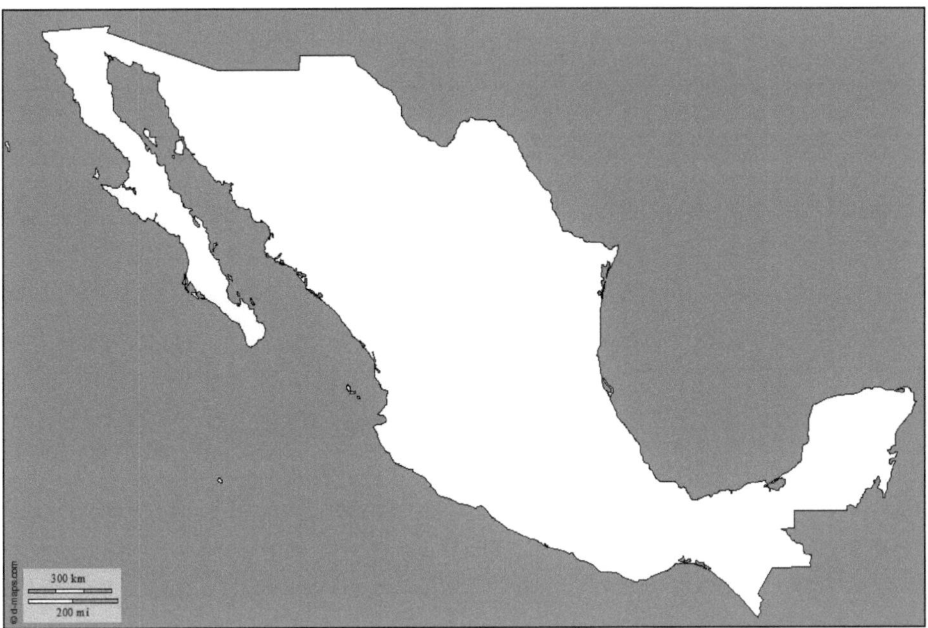

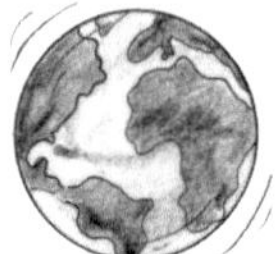

Brasilien

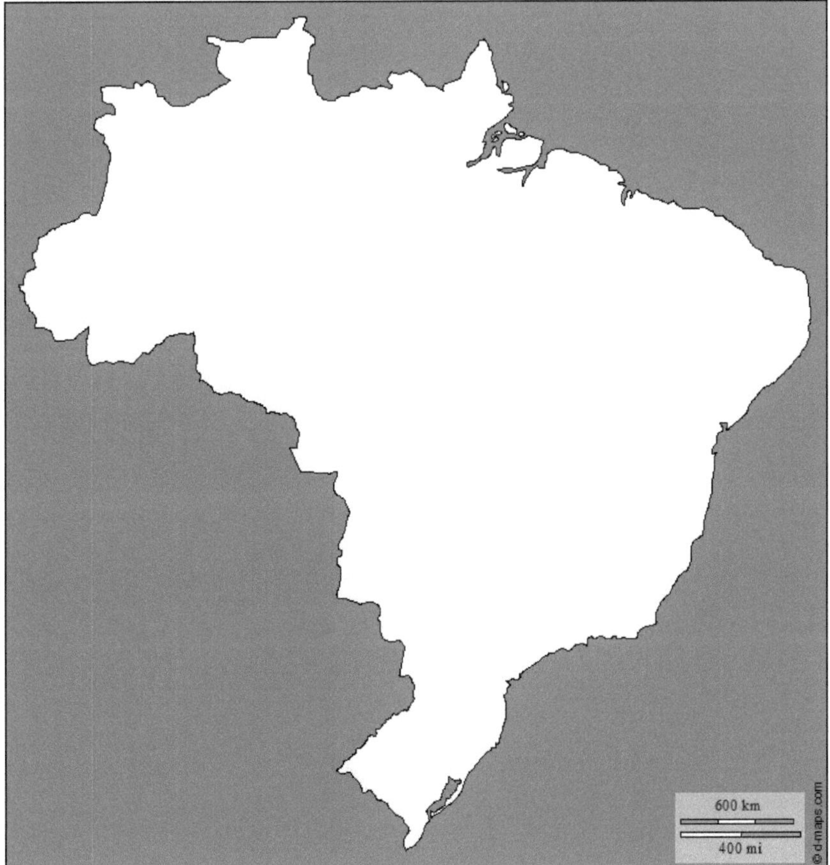

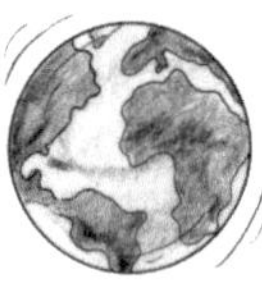

Südafrika

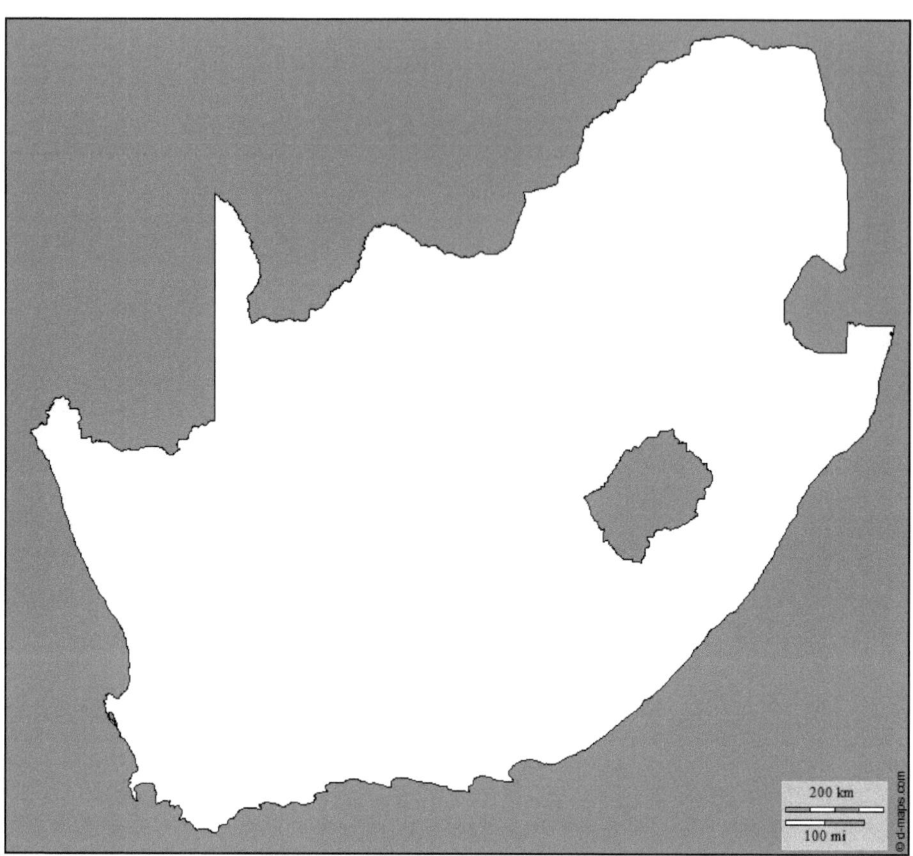

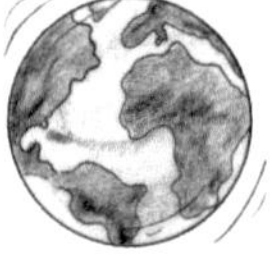

Dänemark

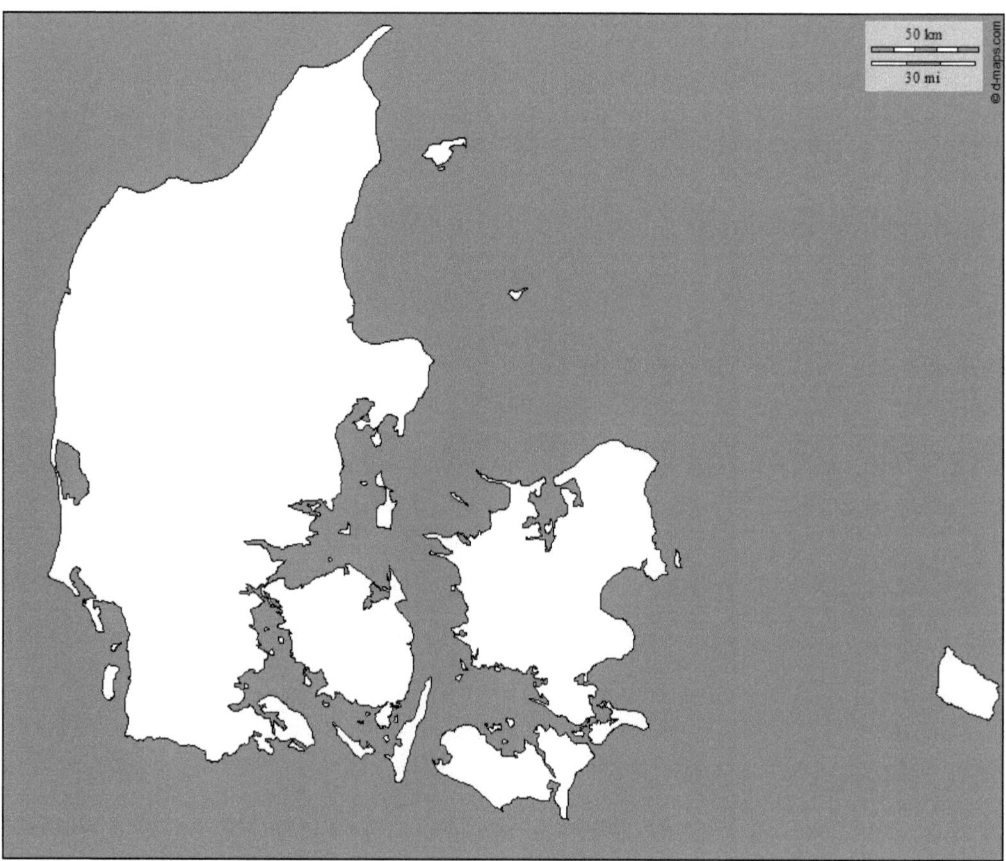

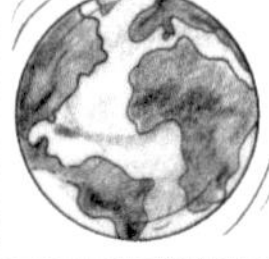

Biathlon-Wettkampf: Arbeitsbogen

Stoppt eure Zeit mit der Stoppuhr selbst! Notiert die Endzeit und eure Treffer auf dem Arbeitsbogen, indem ihr die Treffer **schwarz** ausmalt.

Während euer Partner den Wettkampf absolviert, seid ihr für das Einsammeln der Bälle und Aufstellen der Hütchen verantwortlich.

Jeder Schüler läuft **eine** Runde, kehrt zur Ausgangsstation zurück und wirft anschließend in fünf Versuchen auf die Pylonen. Es gibt zwei Wurfdurchgänge im Liegen und zwei im Stehen. Jeder Fehlversuch bedeutet eine Strafrunde. Diese wird von der eigenen Wurfstation angelaufen und am Ende der Strafrunden über diese auch wieder in die Laufstrecke verlassen. Nach dem letzten Wurf und möglichen Strafrunden muss nur noch eine letzte Runde bis zum Ziel an der eigenen Ausgangsstation gelaufen werden.

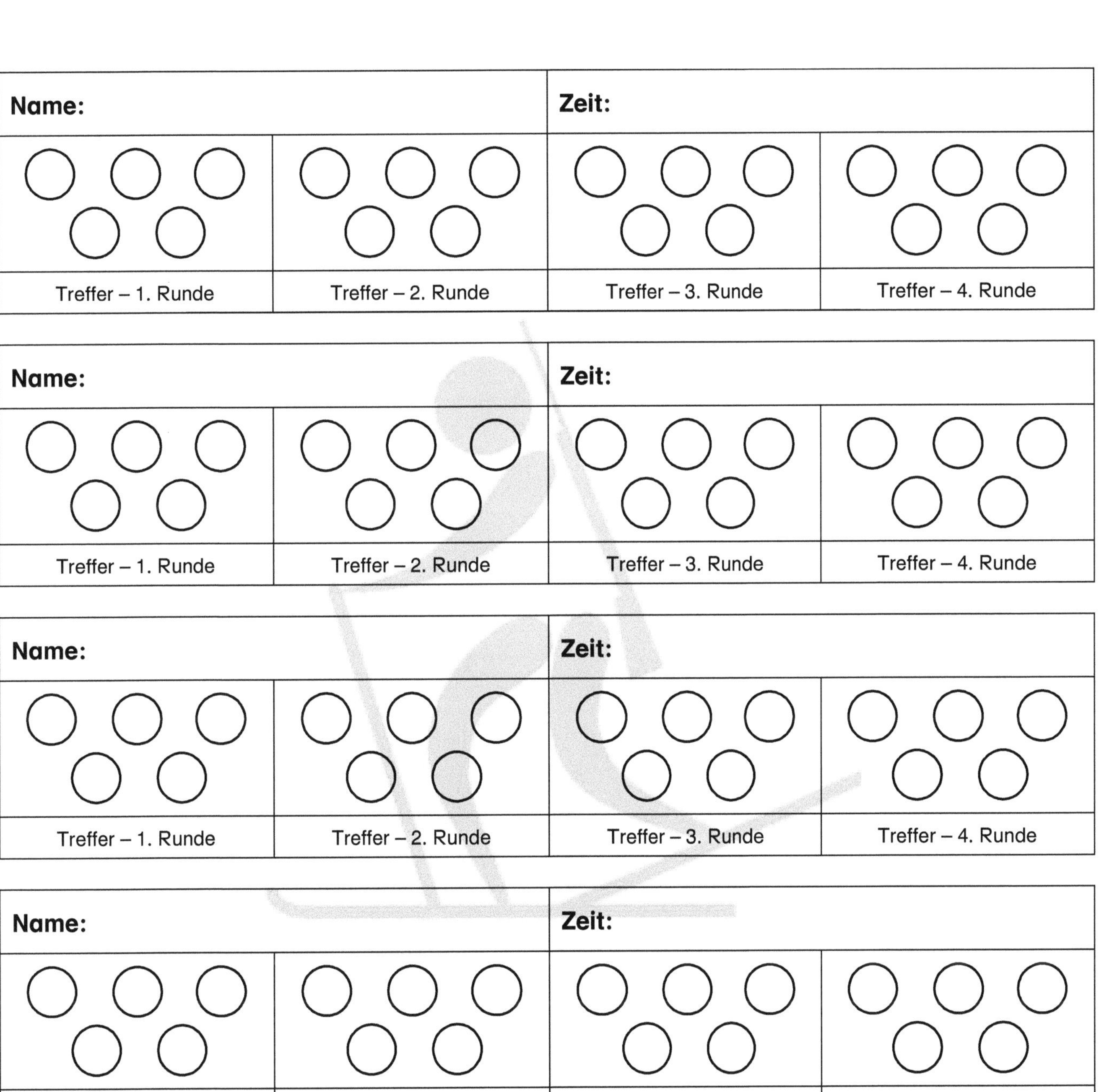

Name:		**Zeit:**	
Treffer – 1. Runde	Treffer – 2. Runde	Treffer – 3. Runde	Treffer – 4. Runde

Name:		**Zeit:**	
Treffer – 1. Runde	Treffer – 2. Runde	Treffer – 3. Runde	Treffer – 4. Runde

Name:		**Zeit:**	
Treffer – 1. Runde	Treffer – 2. Runde	Treffer – 3. Runde	Treffer – 4. Runde

Name:		**Zeit:**	
Treffer – 1. Runde	Treffer – 2. Runde	Treffer – 3. Runde	Treffer – 4. Runde

FAHRPLAN

Linie 1

FAHRPLAN

Linie 2

FAHRPLAN

Linie 3

FAHRPLAN

Linie 4

Runden addieren: Notizzettel

1	2	3	4	5
6	7	8	9	10
11	12	13	14	15
16	17	18	19	20
21	22	23	24	25
26	27	28	29	30
31	32	33	34	35
36	37	38	39	40
41	42	43	44	45
46	47	48	49	50

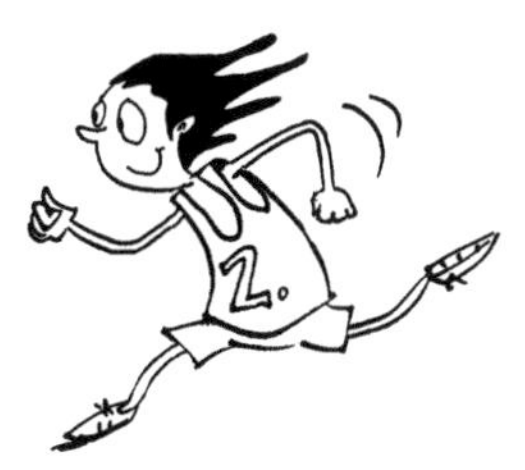

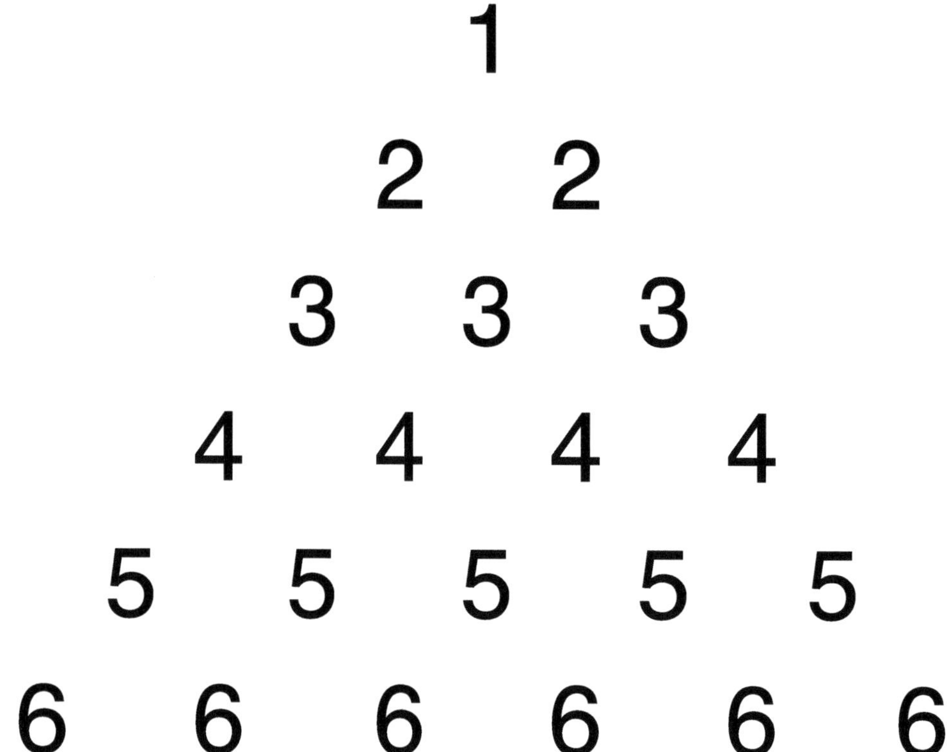
1
2 2
3 3 3
4 4 4 4
5 5 5 5 5
6 6 6 6 6 6

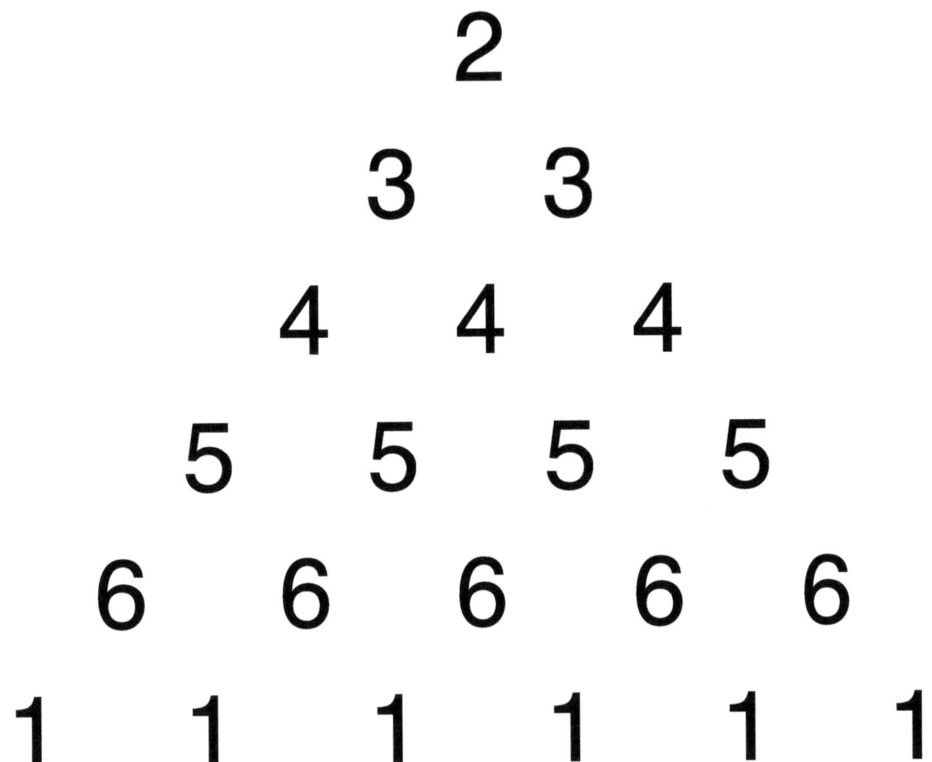
2
3 3
4 4 4
5 5 5 5
6 6 6 6 6
1 1 1 1 1 1

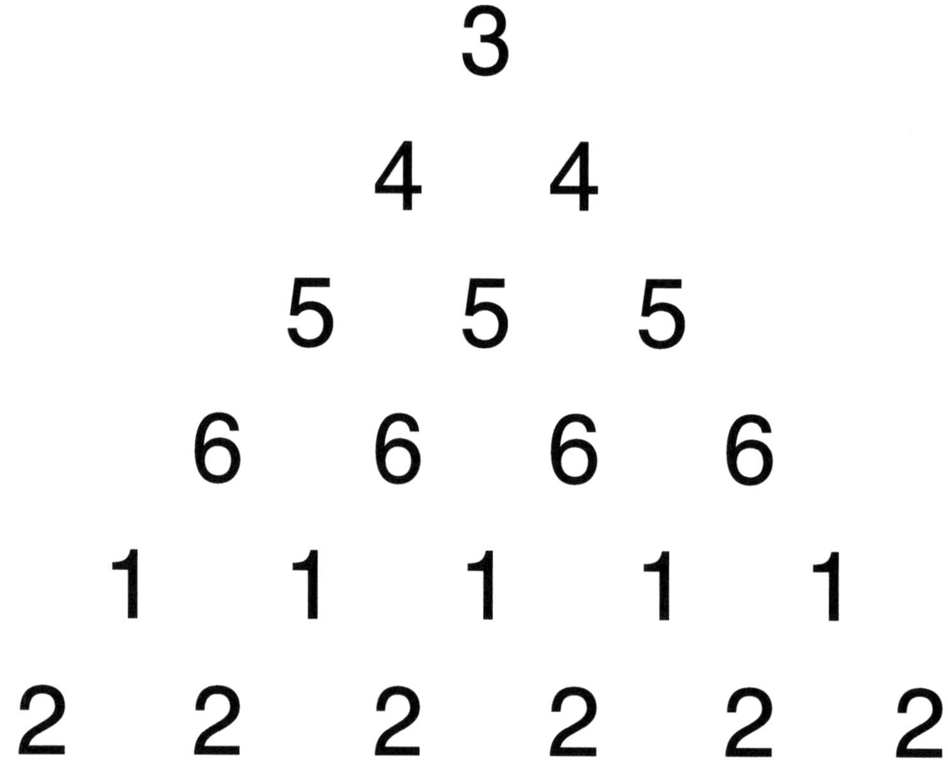
3
4 4
5 5 5
6 6 6 6
1 1 1 1 1
2 2 2 2 2 2

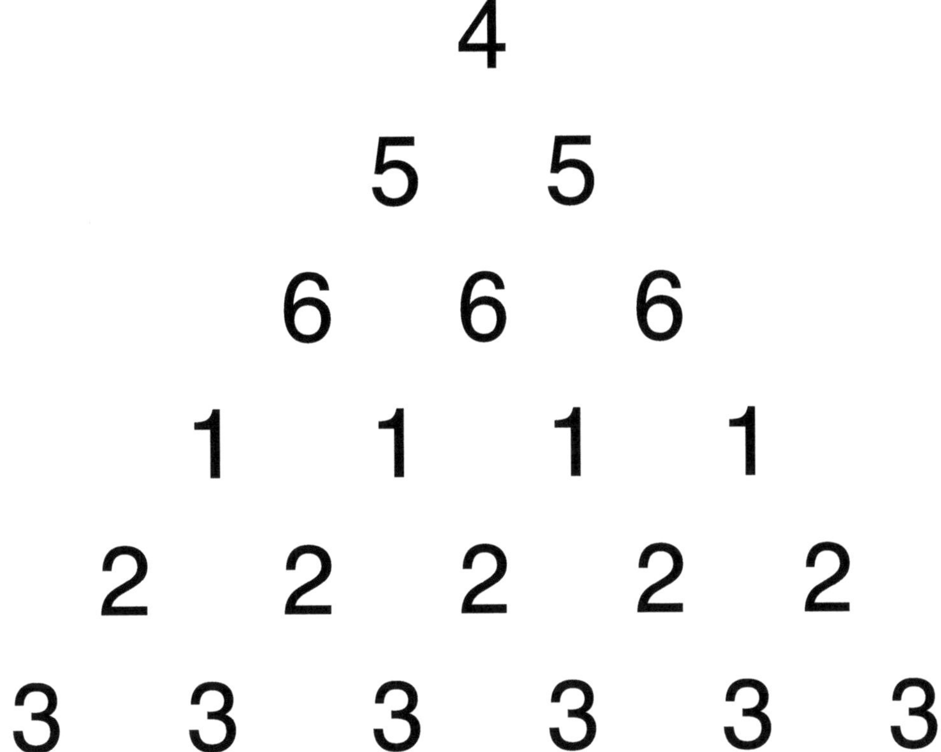
4
5 5
6 6 6
1 1 1 1
2 2 2 2 2
3 3 3 3 3 3

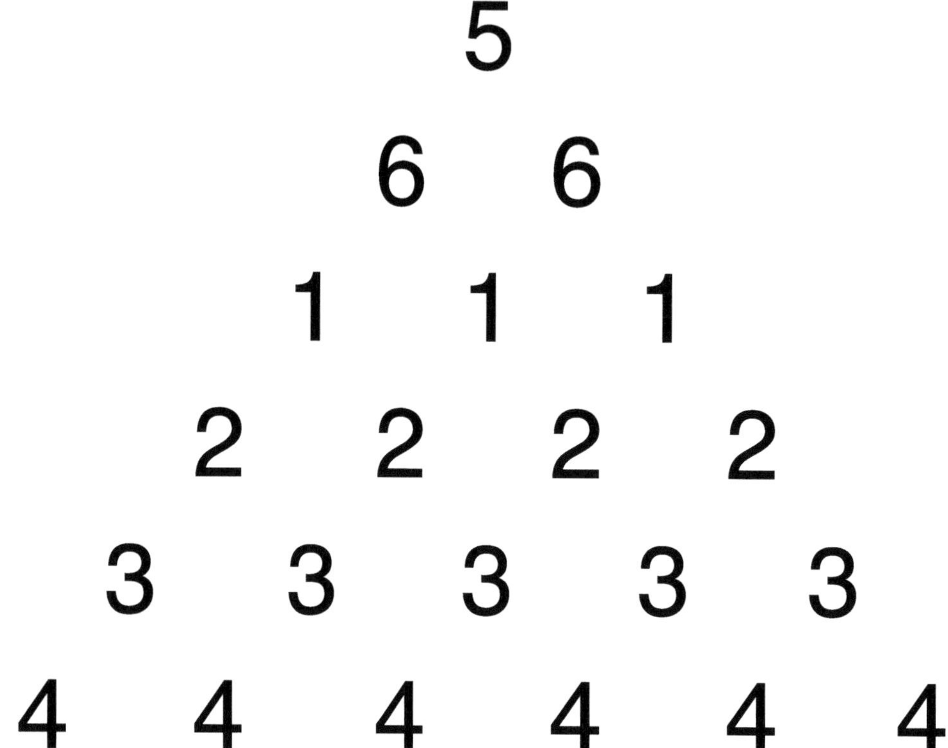
5
6 6
1 1 1
2 2 2 2
3 3 3 3 3
4 4 4 4 4 4

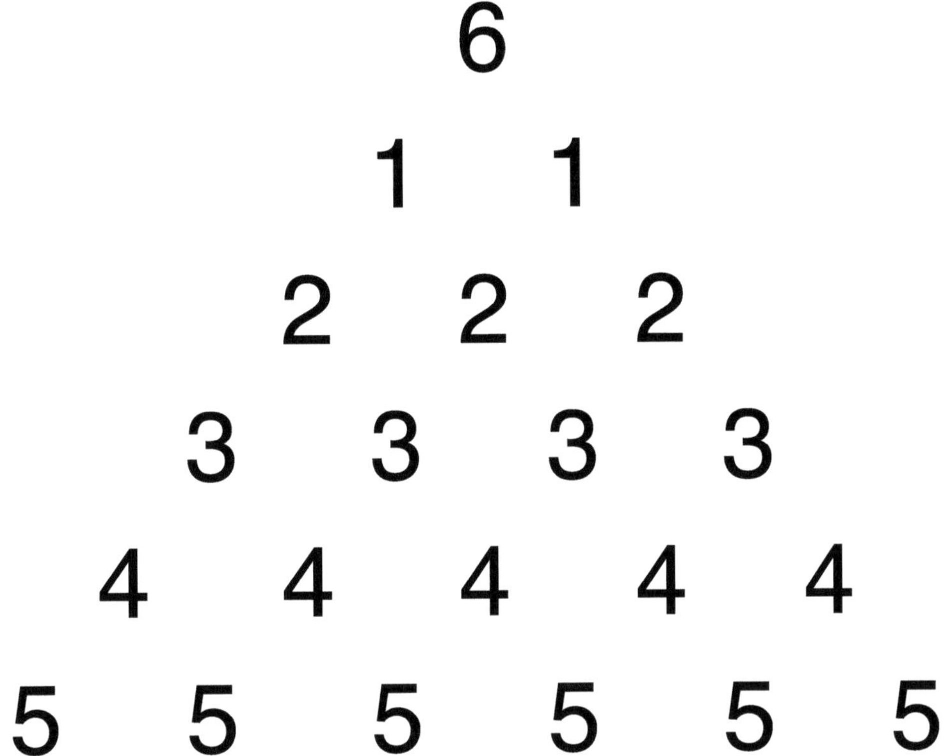
6
1 1
2 2 2
3 3 3 3
4 4 4 4 4
5 5 5 5 5 5

Stadt-Land-Fluss-Rallye: Tabelle

STADT ☆ LAND ☆ FLUSS ☆ RALLYE

Stadt	Land	Fluss	Name	Tier	Beruf	___	___	Punkte

Das große Sechs-Tage-Rennen

1. Schreibt die Namen der Mitglieder eures Teams jeweils hinter eine Nummer.
   Die Zahlen geben euch die feste Reihenfolge der Wechsel vor.
   Überlegt also gut, wie ihr eure Mannschaft aufstellt.
2. Überlegt euch auch eine Wettkampfstrategie, mit der ihr den Lauf gewinnt.

Namen	**Runden** 𝍸 II
1. ______________________	____________
2. ______________________	____________
3. ______________________	____________
4. ______________________	____________
5. ______________________	____________
6. ______________________	____________
7. ______________________	____________

Notiert hier die Anzahl der insgesamt von euch gelaufenen Runden: [ ]

Seid beim Notieren der Runden ehrlich. Verhaltet euch fair!

Laufplan ______________ Gruppe

Station	Antwort
1	
2	
3	
4	
5	
6	
7	
8	
9	
10	
11	
12	

Laufplan ______________ Gruppe

Station	Antwort
12	
11	
10	
9	
8	
7	
6	
5	
4	
3	
2	
1	

Station:

Frage / Aufgabe:

!

Station:

Frage / Aufgabe:

?

Würfelteam: Arbeitsbogen

Name eures Teams: ______________________________

1	2	3	4	5
6	7	8	9	10
11	12	13	14	15
16	17	18	19	20
21	22	23	24	25
26	27	28	29	30
31	32	33	34	35
36	37	38	39	40
41	42	43	44	45
46	47	48	49	50

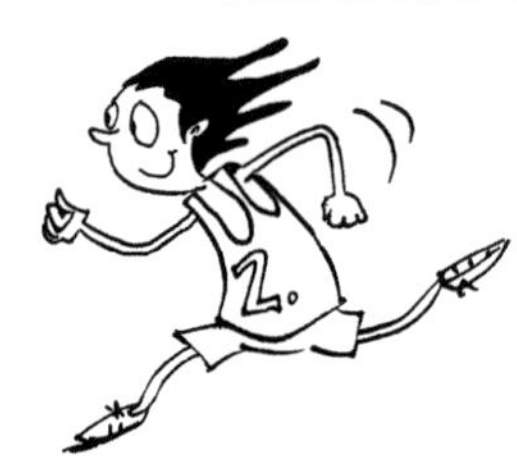

Orientierungslauf 4: Laufkarte

Station Nr.	Stempel

Geocaching: Liste

Nr.	Ort	Koordinate N	Koordinate E	Rätsel/Frage/Aufgabe

Bildquellen

Covergrafik: © iStockphoto/stevecoleimages

Illustrationen zu sämtlichen sportlichen Übungen, Spielen und Wettkämpfen: Kerrin Paulsen

Piktogramme: Thomas Binder

S. 56: Zug – Daniela Buehnen

S. 56, 65: Stoppuhr – Gunkel Claessen

S. 57: Flugzeug – Marion El-Khalafawi

S. 57–64: Weltkugel – Sandra von Kunhardt

S. 65: Pictograms of Olympic sports – Biathlon, 2006
http://upload.wikimedia.org/wikipedia/commons/9/93/Olympic_pictogram_Biathlon.png;
von Parutakupiu (Eigenes Werk) [Public domain], via Wikimedia Commons (gemeinfrei)

S. 66: Schulbus – Julia Flasche

S. 67, 78: laufendes Mädchen – Julia Flasche